Conversational German Dialogues

For Beginners
And Intermediate Students

100 German Conversations
And Short Stories

Conversational German Language Learning Books - Book 1

Academy Der Sprachclub

(c) Copyright 2019 by Academy Der Sprachclub

License Notice

This document is geared towards providing exact and reliable information in regards to the topic and issue covered. In no way is it legal to reproduce, duplicate, or transmit any part of this document/book in either electronic means, in printed or audio format. Recording and/or copying of this publication is strictly prohibited and any storage of this document/book is not allowed unless with written permission from the publisher.

All rights reserved: The information provided herein is stated to be truthful and consistent, in that any liability, in terms of inattention or otherwise, by any usage or abuse of any policies, processes, or directions contained within is the solitary and utter responsibility of the recipient reader. Under no circumstances will any legal responsibility or blame be held against the publisher for any reparation, damages, or monetary loss due to the information herein, either directly or indirectly. The information herein is offered for informational purposes solely, and is universal as so. The presentation of the information is without contract or any type of guarantee assurance.

Table of Contents

Introduction..10
Using this book effectively..........................12
1. Buying a flight ticket...............................13
        Ein Flugticket kaufen................................13
2. Shopping at the mall..............................16
Einkaufen im Einkaufszentrum..................16
3. At the police station..............................19
  Auf der Polizeiwache..............................19
4. At the pharmacy...................................21
In der Apotheke...22
5. A taxi to the airport................................24
Ein Taxi zum Flughafen.............................25
Im Ausland leben.......................................28
7. Our hotel...31
    Unser Hotel..31
   31
8. The job application................................34
  Die Bewerbung..34
9. Where are you from?............................36
  Woher kommst du?..................................36
das Ausland - abroad / foreign country......38
Lernfragen...38
Which city in an important university town?.................38
  Ich muss ins Krankenhaus......................39
Dialogues And Conversation 42
About Daily Life in Germany......................42
11. The cinema 43
    Das Kino...43

12. Winning the lottery	45
Im Lotto gewonnen	45
13. At the office	47
Im Büro	47
14. Old age does not matter	48
Das Alter ist egal	48
15. The offer	51
Das Angebot	51
16. Studying in German	53
In Deutschland studieren	53
17. I need to go to Spain	55
Ich muss nach Spanien reisen	55
18. Our new house	57
Unser neues Haus	57
Learning questions	58
19. Where Is Our Cat?	59
Wo ist unsere Katze?	59
20. A big help	61
Eine grosse Hilfe	61
21. Elderly people need help	62
Ältere Leute brauchen Hilfe	62
22. Down with the pounds	64
Runter mit den Pfunden	64
23. An old trick	66
Ein alter Trick	66
24. I'll be back soon	68
Ich bin gleich zurück	68
25. The birthday party	70
Die Geburtstagsparty	70
26. Knocking stones	72
Steine klopfen	72

27. After the storm...75
    Nach dem Sturm..75
28. The vegetarian restaurant..............................77
    Das vegetarische Restaurant.........................77
29. Trains and buses..79
    Züge und Busse...79
30. Divorced...81
    Geschieden...81
31. Special shoes...83
    Besondere Schuhe..83
32. I marry my office..85
    Ich heirate mein Büro.....................................85
33. In the restaurant..88
34. Only a little pregnant...................................91
    Nur ein bisschen schwanger........................91
35. Future plans...93
    Zukunftspläne..93
36. Spring-cleaning..95
    Der Frühjahrsputz...95
37. We are moving...97
    Wir ziehen um..97
38. A happy marriage..99
    Eine glückliche Heirat.....................................99
39. Joining clubs..101
    Klubs beitreten...101
40. Watching TV in Germany.........................103
    Fernsehen in Deutschland..........................103
41. The ATM..105
Der Geldautomat..105
42. The funeral...107
    Die Beerdigung..107

43. New neighbors....................................108
    Neue Nachbarn..................................108
44. The public swimming pool................110
    Das öffentliche Schwimmbad..............110
45. The tourist guide..............................112
    Der Reiseführer...................................112
Lernfragen..113
Wo hat Mario früher gearbeitet?..............113
Hat sein Onkel ein Geschäft?...................113
Was macht Mario, wenn er nicht Reiseführer ist?......113
46. The painters arrive...........................114
    Die Maler kommen.............................114
47. The recipe..116
    Das Rezept...116
48. At the bakery...................................118
    Beim Bäcker.......................................118
49. My drivers license............................121
    Mein Füherschein...............................121
50. Appointment at the barbershop.......123
    Der Termin beim Frisör.......................123
German Short Stories for Advanced Beginners.........125
51. Cheap groceries...............................126
Günstige Lebensmittel.............................126
52. There is no parking..........................127
    Es gibt keine Parkplätze.....................127
53. We are moving.................................129
    Wir ziehen um....................................129
54. At the circus....................................130
    Im Zirkus...130
55. Die Deutschprüfung.........................132
    The German exam..............................132

56. Sightseeings	133
Sehenswürdigkeiten	133
57. Easter Festival	134
Das Osterfest	134
Alkoholiker	135
Literatur	137
Im deutschen Restaurant bestellen	138
61. New bills	140
Neue Rechnungen	140
62. At the farmer's market	141
Auf dem Wochenmarkt	141
63. The child in the shower	143
Das Kind in der Dusche	143
64. German Tourists	145
Deutsche Urlauber	145
65. Getting drunk	147
Sich betrinken	147
	149
66. Burglary	149
Der Einbruch	149
67. The broken cell phone	150
Das kaputte Handy	150
68. The wedding	152
Die Hochzeit	152
69. I can cook!	153
Ich kann kochen!	153
70. A small town	154
Eine Kleinstadt	154
71. Contracts	155
Verträge	155
72. New Years Eve	156

Silvester..156
73. The bicycle tour...157
    Die Fahrradtour..157
74. Headache..159
    Kopfschmerzen..159
    Gegenverkehr..161
....161
76. Do old people smell?...163
    Riechen alte Leute?..163
77. Our last hope - The neighbor 165
    Unsere letzte Hoffnung- Der Nachbar 165
78. Growing pains...167
Steigende Beschwerden..167
    Deutsche Kultur...168
80. The Towtruck..170
Der Abschleppwagen..170
German Short Stories for Intermediate Students.......171
81. The client in the sauna......................................172
Der Kunde in der Sauna..172
....177
82. A different opinion..178
Eine andere Meinung..178
83. A special crowdfunding project.........................183
Ein besonderes Crowdfunding Projekt 183
Mit Liebe aus Russland...187
85. A romantic cruise..192
Eine romantische Kreuzfahrt...................................192
86. Together again..196
Wir sind wieder zusammen......................................196
87. American tourists in Germany...........................201
Amerikanische Touristen in Deutschland.................201

88. A hermit in Germany..................................206
Ein Einsiedler in Deutschland...........................206
89. The unexpected treasure............................211
Der unerwartete Schatz..................................211
90. The maid...216
Die Reinmachefrau......................................216
91. A Japanese in Munich...............................220
Ein Japaner in München................................220
92. An allotment in Germany...........................223
Ein Schrebergarten in Deutschland....................223
93. My girlfriend and her secret.......................226
Meine Freundin und ihr Geheimnis....................226
94. The German refugee................................229
Der deutsche Flüchtling.................................229
Eine endgültige Abmahnung............................232
96. The international festival...........................235
Das internationale Fest..................................235
97. Aupair in England....................................238
98. The mysterious art dealer..........................241
Der mysteriöse Kunsthändler..........................241
....244
99. A special club..244
Ein besonderer Klub....................................244
100. The two star restaurant...........................247
Das zwei Sterne Restaurant............................247

Introduction

Practical books for learning a language are not easy to find. Many students suffer unrealistic learning conditions that take too long to show any practical results. It is all too easy to get frustrated or even to give up on studying and future plans. However, there are better and more practical ways to learn a language quickly. If you can master simple German conversations and if you can have fun learning the language you are almost there. Once you have learned the language to a certain level, you have made a huge personal step in you life, and nobody can take that away from you. This book will help you achieve this.

This language learning book contains useful and engaging dialogues which you might be hearing when traveling in Germany. These conversations give you the right expressions to use for just about any likely scenario.

This book contains **a selection of 100 short stories** for beginners with a wide range of genres, all prepared specifically for German language learners. With it you can practice your newly-acquired conversational skills through the use of over a hundred conversational short stories and examples of typical conversations.

The book is structured so that each story offers a new easy-to-follow conversation.

The content is intended mainly for elementary to intermediate level learners, but it will also be useful for more advanced learners as a way of practicing their reading skills and comprehension of the German language. The stories have been arranged according to their degree of difficulty and each story is accompanied by a key vocabulary section

Using this book effectively

To learn German effectively you just read each German story, one at a time and then study the dialogue after you've read the story. After you've read the sentences or blocks in German you should read the English translation. You can enhance your learning experience by answering the learning questions in both languages.

This book is divided into three parts, the first for beginners and the second for intermediate students. The first 50 stories are for beginners and the dialogues are followed by an English translation. Vocabulary will be introduced to you at a reasonable pace, so you're not overwhelmed with difficult words all at once. Here, you won't have to look up every other word, but you can simply enjoy the story and absorb new expressions simply by reading and, when in doubt, you can check the important words from the vocabulary section or compare the dialogue with the English translation.

In the second part, the short stories tend to be slightly more advanced, and more German vocabulary is used in the conversations. But throughout, the German dialogue is easy-to-understand and uses vocabulary that both, those at the beginner and intermediate levels can understand, appreciate, and learn from.

1. Buying a flight ticket
Ein Flugticket kaufen

Today, I have to buy a plane ticket. I found an interesting offer on the Internet, but I prefer to buy my ticket directly at the airline's office. I want to know all the details of the flight.

Heute kaufen wir ein Flugticket. Ich habe ein interessantes <u>Angebot</u> im Internet gefunden, aber ich <u>bevorzuge</u>, mein Flugticket bei der <u>Fluggesellschaft</u> zu kaufen. Ich <u>möchte</u> alle Details des Fluges kennen.

Good morning, I'd like to buy a flight ticket to Paris.
Guten Morgen, ich möchte ein Flugticket nach Paris kaufen.

When would you like to fly?
Wann möchten Sie fliegen?

Tomorrow morning, the first flight available.
Morgen früh, den ersten Flug verfügbar.

I have an offer for tomorrow at eight, but with a stopover.
Ich habe ein Angebot für morgen früh um acht, aber mit <u>Umsteigen</u>.

I'd like to fly direct, please.
Ich möchte bitte direkt fliegen.

When would you like to return?
Wann möchten Sie wieder zurück?

I'd need a departure and return flight. I have to be back by Monday.
Ich brauche einen Hin und Rückflug. Am Montag muss ich wieder zurück sein.

Would you like to travel business class?
Möchten Sie Business-Class fliegen?

No, I only buy the cheapest ticket. For me it's important that the ticket is flexible.
Nein, ich kaufe nur das günstigste Flugticket. Für mich ist es wichtig, dass das Flugticket flexibel ist.

That will be three hundred euros. Would you like to pay cash or by card?
Das macht dreihundert Euro. Möchten Sie bar oder mit Karte zahlen?

Do you accept Mastercard?
Nehmen Sie Mastercard?

Of course.
Selbstverständlich.

Key Vocabulary

das Angebot - offer
bevorzugen - prefer
möchten - would like to
die Fluggesellschaft - airline
umsteigen - stopover / transit

Learning questions

Where do I have to travel?
Wohin muss ich reisen?

When do I have to be back?
Wann muss ich zurück sein?

What is important?
Was ist wichtig?

2. Shopping at the mall
Einkaufen im Einkaufszentrum

My husband and I are on vacation. Today we want to go shopping. Next to our hotel is a shopping center. First, we would like to buy clothes.

Mein Mann und ich sind auf <u>Urlaub</u>. Heute wollen wir einkaufen gehen. Neben unserem Hotel befindet sich ein Einkaufzentrum. Zuerst möchten wir Kleidung kaufen.

Look Fritz, they also have hats.
Schau mal Fritz, es gibt auch Hüte.

I could use a hat well, let's go into the shop.
Einen Hut kann ich gut gebrauchen, lass uns <u>reingehen</u>.

Good morning, we are interested in a hat. How much is the black one?
Guten Morgen, wir sind an einen Hut interessiert. Wieviel kostet der schwarze Hut?

This one is on promotion, it costs fifty euros.

Der ist im Angebot, er kostet fünfzig Euro.

Is it fashionable?
Ist er in <u>Mode</u>?

This is a classic hat. You can always wear it.
Das ist ein klassischer Hut. Den können Sie immer <u>tragen</u>.

Do you have this hat in white?
Haben sie den auch in weiß?

No, it comes only in this color. The hat is made of leather.
Nein, der kommt nur in dieser Farbe. Der Hut ist aus Leder gemacht.

You should buy it. Afterwards we buy a dress and a pair of shoes for me.
Den solltest du kaufen. <u>Danach</u> kaufen wir ein Kleid und ein Paar Schuhe für mich.

Alright. I'd like to buy the hat.
In Ordnung. Ich möchte den Hut kaufen.

Excellent. The cash register is over there.
Sehr gut. Die Kassen ist dort drüben.

Key vocabulary

der Urlaub - vacation / holidays
reingehen - to walk in/into
in Mode - fashionable
tragen - to wear / to carry
danach - after / afterward

Learning Questions

What does Fritz want to buy?
Was möchte Fritz kaufen?

What does the woman want to buy?
Was möchte die Frau kaufen?

What material is the hat made of?
Aus welchem Material ist der Hut?

3. At the police station
Auf der Polizeiwache

Yesterday my passport and my money were stolen. I am at the police station.

Gestern wurde mein Reisepass und mein Geld gestohlen. Ich bin auf der Polizeiwache.

Good morning, I'd like to file a lost report.
Guten Morgen, Ich möchte eine Verlust Anzeige aufgeben.

What did you lose?
Was haben Sie <u>verloren</u>?

My passport and money. It was about two hundred euros.
Mein Reisepass und Geld. Es waren <u>ungefähr</u> zweihundert Euro.

Did you lose your things or was it stolen?
Haben Sie die <u>Sachen</u> verloren oder wurde es gestohlen?

I think it was stolen.
Ich glaube, es wurde gestohlen.

Why do you think that?

Warum glauben Sie das?

Yesterday morning my things were still in the bag.
Gestern Morgen waren meine Sachen noch in der Tasche.

Where were your things stolen?
Wo wurden Ihre Sachen gestohlen?

In a hostel, somebody stole the things out of my bag.
In einem Hostal. <u>Jemand</u> hat die Sachen aus meiner Tasche gestohlen.

When was that?
Wann war das?

Yesterday night at around ten o'clock. I came back late to the hostel. When I came back all my things were gone.

Gestern Nacht gegen zehn Uhr. Ich bin spät ins Hostal zurückgekehrt. Als ich <u>zurückkam</u> war alles weg.

Key vocabulary

verloren - lost
ungefähr - about / approximately
die Sachen - things
jemand - anyone / anybody
zurückkommen - to come back

Learning Questions

Why do I have to go to the police station?
Warum musste ich zur Polizeiwache gehen?

What has been stolen?
Was wurde gestohlen?

When were the things stolen?
Wann wurden die Sachen gestohlen?

4. At the pharmacy

In der Apotheke

I go to the pharmacy, because I need medication.
Ich gehe in die Apotheke, denn ich brauche Medikamente.

Good evening. I have strong stomach ache. Do you have painkillers?
Guten Abend. Ich habe Bauchschmerzen. Haben Sie <u>Schmerzmittel</u>.

What kind of pain do you have?
Welche Art Schmerzen haben Sie?

It feels like a burning.
Es fühlt sich wie ein Brennen an.

Then I would not recommend something against pain, that can make it worse.
Dann möchte ich Ihnen nichts gegen <u>Schmerzen</u> empfehlen, denn das kann es schlimmer machen.

What should I do?
Was soll ich machen?

Take a medication against an ulcer. Besides you must

not eat. Keep a strict diet.
Nehmen Sie ein Medikament gegen Geschwüre. Außerdem dürfen Sie nichts essen. Machen Sie eine strenge Diät.

Alright. Also I have an inflammation in my foot.
In Ordnung. Ich habe auch eine Fuß<u>entzündung.</u>

You allow me to see it? Your foot is swollen!
<u>Darf</u> ich das mal sehen? Ihr Fuß ist geschwollen!

I cannot move my foot.
Ich kann meinen Fuß nicht bewegen.

I give you a medication against gout. Tomorrow you have to see a doctor.
Ich gebe Ihnen ein Medikament gegen Gicht. Morgen müssen Sie zum <u>Arzt.</u>

That's exactly what I am going to do.
Das ist genau das, was ich machen werde.

Key vocabulary

das Schmerzmittel - painkiller
die Schmerzen - pain
die Entzündung - inflammation
darf / dürfen - may / allow / permit
der Arzt - doctor

Learning questions

What do I ask the pharmarcist?
Was frage ich den Apotheker?

What is wrong with my foot?
Was stimmt mit meinen Fuß nicht?

What is the pharmacist suggesting?
Was schlägt der Apotheker vor?
5. A taxi to the airport

Ein Taxi zum Flughafen

The wife: "When is the taxi picking you up?"
Die Ehefrau: Wann holt das Taxi mich ab?

The husband: "At eleven the taxi picks me up and brings me to the airport."
Der Ehemann: Um elf Uhr holt das Taxi mich ab und bringt mich zum Flughafen.

The wife: "How long does the taxi need to get you to the airport?"
Die Ehefrau: Wie lange braucht das Taxi bis zum Flughafen?

The husband: "To the airport the taxi needs about twenty minutes. Two Der hours before the flight I need to be at the airport.
Der Ehemann: Zum Flughafen braucht das Taxi ungefähr zwanzig Minuten. Zwei Stunden vor dem Flug muss ich am Flughafen sein.

The wife: Will you give the driver a tip?
Die Ehefrau: Wirst du dem Fahrer ein Trinkgeld geben?

The husband: Only if he behaves well.
Der Ehemann: Nur wenn er sich gut <u>benimmt</u>.

The wife: "Have you already packed your suitcases?"
Die Ehefrau: Hast du deine Koffer schon gepackt?

The husband: "Of course. Please call me when I arrive this evening."
Der Ehemann: Selbstverständlich. Bitte <u>rufe</u> mich heute Abend bei der Ankunft <u>an</u>.

Key vocabulary

abholen - to pick up s.o.
der Flughafen - airport
das Trinkgeld - tip
benehmen - to behave
anrufen - to call

Learning questions

How long does he need to the airport?
Wie lange braucht er zum Flughafen?

What is he supposed to do when he arrives?
Was soll er machen, wenn er ankommt?

6. Living abroad
Im Ausland leben

I will stay in Germany for a year. The country is very well organized. There is public transport everywhere and the streets are very clean.

Ich werde für ein Jahr in Deutschland bleiben. Das Land ist sehr gut organisiert. Es gibt öffentliche Verkehrsmittel und die Straßen sind sehr <u>sauber.</u>

Everything is fantastic here. They have large variety in their shops.
Alles ist fabelhaft. Es gibt eine große Auswahl in den <u>Geschäften.</u>

Yes, the German supermarkets are cheap too.
Ja, und die deutschen Supermärkte sind günstig.

But most of them close early.
Aber viele von denen schließen früh.

The Germans are also punctual.
The Deutschen sind auch pünktlich.

I like that. The Germans are also polite.
Das <u>gefällt</u> mir. Die Deutschen sind auch höflich.

Exactly, but many things are also forbidden in

Germany. There you have to be careful.
Genau, aber viele Sachen sind in Deutschland auch verboten. Hier muss man vorsichtig sein.

Most foreigners believe, that especially in Germany you have to adapt to German culture.
Die meisten Ausländer glauben, gerade in Deutschland muss man sich sehr an die Kultur anpassen."

Key vocabulary

sauber - clean
das Geschäft - shop / business
gefallen - to like
vorsichtig - carefully / cautious
anpassen - to adapt

Learning questions

Are supermarkets expensive?
Sind Supermärkte teuer?

With what do I have to be carefully?
Womit muss man aufpassen?

Are shops open until late?
Haben die Geschäfte bis spät geöffnet?

7. Our hotel
Unser Hotel

The father: *"That's a very nice hotel."*
Der Vater: Das ist ein sehr schönes Hotel.

The daughter: *"But the beds are not clean."*
Die Tochter: Aber die Betten sind nicht sauber.

The father: *"Are you sure?"*
Der Vater: Bist du dir sicher?

The daughter: "Look dad! There are cockroaches running around in the toilet."
Die Tochter: <u>Schau mal</u> Papa! Dort rennen überall Kakerlaken in der Toilette umher.

The father: *"We have a travel insurance, but they don't pay for dirty rooms."*
Der Vater: Wir haben eine Reiseversicherung, aber die <u>zahlen</u> nicht für dreckige Zimmer.

The daughter : *"I have an idea. I make pictures of the cockroaches. In a pharmacy I'll buy medication against diarrhoea.*
We keep the receipt. After the vacation I'll send the

receipt to the insurance. I write the insurance that we got sick in the hotel for lack of hygiene.

Die Tochter: Ich habe eine Idee. Ich mache <u>Fotos</u> von den Kakerlaken. In der Apotheke kaufe ich Medikamente gegen Durchfall.

Wir bewahren den Beleg auf. Nach dem Urlaub schicke ich den <u>Beleg</u> an die Versicherung. Ich schreibe der Versicherung, dass wir wegen Hygienemangel <u>krank</u> geworden sind.

The father: *"Okay, we try that."*
Der Vater: In Ordnung, wir machen das.

Key vocabulary

schau mal - look, take a look
zahlen / Zahlen - to pay / numbers
das Photo - picture, photo
der Beleg - receipt
krank - sick / ill

Learning questions

What do we discover in the toilet?
Was entdecken wir in der Toilette?

Why is the insurance not going to pay?
Warum wird die Versicherung nicht zahlen?

What idea has the daughter?
Welche Idee hat die Tochter?

8. The job application
Die Bewerbung

I am calling a company.
"Good morning, have you received my application?"

Ich <u>rufe</u> eine Firma <u>an.</u>
Guten Morgen, haben Sie meine <u>Bewerbung</u> erhalten?

"Good morning, yes your application has arrived."
Guten Morgen. Ja, Ihre Bewerbung ist <u>angekommen</u>

"Is there already a scheduled appointment?"
Gibt es schon einen Vorstellungstermin?

"Yes, we have an appointment."
Ja, wir haben einen <u>Termin.</u>

"Do you mean I have an invitation?"
Meinen Sie, Ich habe eine Einladung bekommen?

"Yes, please come next Monday at nine."
Ja, bitte <u>kommen</u> Sie am nächsten Montag um neun <u>vorbei</u>.

Key vocabulary

anrufen: to call s.o.
die Bewerbung: application
ankommen: to arrive
der Termin - appointment / date / deadline
vorbeikommen - to come / to stop by / come over

Learning questions

What do I ask first?
Was frage ich als erstes?

What did they sent me?
Was habe sie mir geschickt?

Did I receive an invitation?
Habe ich eine Einladung erhalten?

9. Where are you from?
Woher kommst du?

"Nice to see you again."
Schön dich wiederzusehen.

"Hello! It is a long time that we have seen each other."
Hallo! Es ist schon lange her, dass wir uns gesehen haben.

"Are you still living abroad?"
Lebst du noch im <u>Ausland</u>?

"No, I moved back to Germany."
Nein, ich bin nach Deutschland zurückgezogen.

"Well, as you know in Germany it is important for people to know what you do."
Nun, wie du weisst, in Deutschland ist für <u>die Leute</u> wichtig zu wissen, was du machst.

"Now I work at the train station."
Ich arbeite jetzt auf dem <u>Bahnhof</u>.

"Excellent. I totally forgot. May I ask, where are you from?"
Fabelhaft. Ich habe es ganz <u>vergessen</u>. Darf ich fragen; woher kommst du?

"I was born in Hamburg and grew up here in Heidelberg. Heidelberg is an important university town.
Ich bin in Hamburg geboren und hier in Heidelberg aufgewachsen. Heidelberg ist eine wichtige Universitätsstadt.

"I forgot, is Heidelberg as big as Hamburg?"
Ich habe es vergessen, ist Heidelberg so groß wie Hamburg?

"No, but it is not a small city either. As you can see, Heidelberg is beautiful and has an interesting history.
Nein, aber es ist auch keine Kleinstadt. Wie du sehen kannst, Heidelberg is <u>hübsch</u> und hat eine interessante Geschichte.

"Please tell me more about that town"
Bitte erzähle mir mehr über diese Stadt.

"I don't know much about history, only that this town is a popular tourist destination."
Ich kenne mich mit Geschichte wenig aus, ausser, dass diese Stadt eine beliebte Touristenstadt ist.

"You are right about that. That's why I am here."
Damit hast du recht. Deshalb bin ich hier.

Key vocabulary

das Ausland - abroad / foreign country
der Bahnhof - station / train station / bus station
die Leute - people
vergessen - forget
hübsch - beautiful / pretty

Lernfragen

Which city in an important university town?
Welche Stadt ist eine wichtige Universitätsstadt?

Where do I work?
Wo arbeite ich?

Is Heidelberg as big as Hamburg?
Ist Heidelberg so groß wie Hamburg?

10. I need to go to the hospital
Ich muss ins Krankenhaus

The taxi driver: *"Good morning, where do you want to go?"*
Der Taxifahrer: Guten Morgen. Wohin möchten Sie?

The passenger: *"I need to go to the hospital."*
Der Fahrgast: I muss ins Krankenhaus.

The taxi driver: *"Is it an emergency?"*
Der Taxifahrer: Ist es ein Notfall?

The passenger: *"No, but my daughter has surgery."*
Der Fahrgast: Nein, aber meine Tochter wird operiert.

The taxi driver: *"I hope she is well."*
Der Taxifahrer: Ich hoffe es geht ihr gut.

The passenger: "Yes. she is in a stable condition."
Der Fahrgast: Ja, sie ist in einem stabilen Zustand.

The taxi driver: *"So I don't have to drive fast?"*
Der Taxifahrer: Also, dann muss ich nicht schnell fahren?

The passenger: *"Drive slowly, please."*
Der Fahrgast: Bitte fahren Sie langsam.

The taxi driver: *"Of course, I always drive slowly and carefully.*
Der Fahrgast: Selbstverständlich. Ich fahr immer langsam und vorsichtig.

The passenger: *"Can you pick me up later?"*
Der Fahrgast:Können Sie mich später abholen?

The taxi driver: *"I drive you there and pick you up later."*
Der Taxifahrer: Ich fahre Sie hin und hole Sie wieder ab.

The passenger: *"For doing that I give you a tip."*
Der Fahrgast: Dafür gebe ich Ihnen ein Trinkgeld.

Key vocabulary

der Notfall - emergency
operieren - to perform surgery / to operate
es geht mir gut - I am fine
der Zustand - condition

Learning questions

Why does he need to go to the hospital?
Warum möchte ins Krankenhaus?

What is the driver asking him?
Was fragt er den Fahrer?

Why does he want to pay a tip?
Warum möchte er ein Trinkgeld zahlen?

Dialogues And Conversation About Daily Life in Germany

11. The cinema
Das Kino

This weekend they show a really good movie in the cinema. It's supposed to be a romantic movie. That's why I invited a neighbor to accompany me because she also loves romantic movies. We buy popcorn and sit in the front row.

Dieses Wochenende zeigen sie einen guten Film im Kino. Es soll ein romantischer Film sein. Darum habe ich eine Nachbarin eingeladen um mich zu begleiten, denn sie mag auch gerne romantische Filme. Wir kaufen Popcorn und sitzen in der ersten Reihe.

"May I offer you popcorn",
Darf ich dir Popcorn anbieten.

"Gladly, I love popcorn."
Sehr gern, ich liebe Popcorn.

My neighbor puts her head on my shoulder. I take her hand.
Meine Nachbarin legt ihren Kopf an meine Schulter. Ich nehme ihre Hand.

"Can I hold your hand?"
Darf ich deine Hand halten?

The girl remains silent. I put the bag of popcorn to the side.
Das Mädchen schweigt. Ich nehme die Popcorntüte zur Seite.

"May I put my hand on your knee?"
Darf ich meine Hand auf dein Knie legen?

Learning questions

What kind of movie are we watching?
Welche Art Film schauen wir uns an?

Do I offer her a drink?
Biete ich ihr ein Getränk an.

What do I ask her at the end?
Was frage ich sie zum Schluß?

12. Winning the lottery
Im Lotto gewonnen

My father and I heard that my uncle won the lottery. The game is called six out of forty-nine, which means that my uncle had to guess six correct numbers. We all think that my uncle has become a millionaire. But my dad told me he still owes $ 2,000 to our family. We decided to visit my uncle.

Mein Vater und ich haben gehört, dass mein Onkel im Lotto gewonnen hat. Das Spiel heißt sechs aus neunundvierzig, was bedeutet, dass mein Onkel sechs richtige Zahlen erraten musste. Wir alle denken, dass mein Onkel Millionär geworden ist. Aber mein Vater hat mir erzählt, dass er unserer Familie immer noch 2.000 Dollar schuldet. Wir beschlossen, meinen Onkel zu besuchen.

My father : *"Hello, I heard you won the lottery."*
Mein Vater: *"Hallo, I habe gehört, du hast im Lotto gewonnen.*

My uncle : *"I am not rich, I am still poor."*
Mein Onkel: *I chb in nicht reicht, ich bin immer noch arm.*

My father: *"I don't believe you."*
Mein Onkel: Ich glaube dir nicht.

My uncle : *"Yes, please believe me, I was just bragging."*
Mein Onkel: Ja, bitte glaube mir, ich habe nur angegeben.

My father: *"You still owe me money."*
Mein Vater: Du schuldest mir noch Geld.

My uncle : *"Alright, I give you my car."*
Mein Onkel: In Ordnung, ich gebe dir mein Auto.

<u>Learning questions</u>

Did he really win the lottery?
Hat er wirklich im Lotto gewonnen?

Is he still in debt?
Hat er noch Schulden?

What does he give my father?
Was gibt er meinen Vater?

13. At the office
Im Büro

I am usually very busy, especially Mondays. In the morning, I drive 30 minutes to work. First, I make coffee and then I start making phone calls.

Ich bin normalerweise sehr beschäftigt, besonders Montags. Am morgen fahre ich 30 Minuten zur Arbeit. Als erstes mache ich Kaffee dann fange ich an zu telefonieren.

My boss : *"Good morning Ms. Schmidt, is the coffee ready?"*
Mein Chef: Guten Morgen Frau Schmidt, ist der Kaffee fertig?

Me : *"In five minutes, sir. Is there something else I can do for you?"*
Ich: In fünf Minuten. Gibt es noch irgendetwas das ich für Sie tun kann?

My boss : *"I'd like you to do me a personal favor."*
Mein Chef: I möchte, dass Sie mir einen persönlichen Gefallen tun.

Me: *"Like last week?" After that I felt so bad."*
Ich: Wie letzte Woche? Danach fühlte ich mich so schlecht.

My boss: *"I'd like you to send the letters. After that you can clean the office."*

Ich möchte, dass Sie die Briefe verschicken. Danach können Sie das Büro saubermachen.

Me: *"Today I would like to leave early."*
Ich: Heute möchte ich früher gehen.

My boss: *"No problem, besides I have a gift for your."*
Mein Chef: Kein Problem, außerdem habe ich ein Geschenk für Sie.

Learning questions

What kind of work do I have?
Welche Arbeit muss ich machen?

What are my tasks?
Was sind meine Aufgaben?

What do I do after work?
Was mache ich nach der Arbeit?

14. Old age does not matter
Das Alter ist egal

The grandchild: *"Hi grandpa, how old did you get*

yesterday?"
Der Enkel: Hallo Großvater, wie alt bist du gestern geworden?

The grandfather: *"Yesterday I got seventy."*
Der Großvater: Gestern bin ich siebzig geworden.

The grandchild: *"Are you still driving a car?"*
Der Enkel: Fährst du noch Auto?

The grandfather: *"I have been driving for twenty years without accident. I always drove a lot and traveled everywhere. I can't live without a car, even for a small ride a take my car."*
Der Großvater: Ich fahre seit zwanzig Jahren ohne Unfall. Ich bin viel gefahren und überall hingereist. Ich kann nicht ohne Auto leben, selbst für eine kurze Strecke nehme ich das Auto.

The grandchild: *"Have you ever been stopped by the police?"*
Der Enkel: Bist du schon mal von der Polizei angehalten worden?

The grandfather: *"This morning I was stopped by the police. The police officer said, I cannot drive a car anymore, because I never had a driver's license."*
Der Großvater: Heute morgen wurde ich von der Polizei angehalten. The Polizist sagt, ich darf nicht mehr fahren, denn ich hatte noch nie einen Führerschein.

Learning questions

How old is the grandfather?
Wie alt ist Großvater?

Why is grandfather still driving a car?
Warum fährt der Großvater noch Auto?

Why can not the grandfather drive a car anymore?
Warum darf der Großvater nicht mehr Auto fahren?

15. The offer
Das Angebot

"You have damaged my car."
Sie haben mein Auto beschädigt.

"I am sorry. I have not seen your car."
Tut mir leid. Ich habe Ihr Auto nicht gesehen.

"Are you admitting your guilt?"
Geben Sie Ihre Schuld zu?

"Yes it is my fault. Can I pay for the damage now?"
Ja, es ist meine Schuld. Kann ich für den Schaden jetzt zahlen?

"Are you offering me money? I think it is better that we'll call the police."
Bieten Sie mir Geld an? Ich denke es ist besser wir rufen die Polizei.

"I offer you five hundred euros."
Ich bieten Ihnen fünfhundert Euro an.

Learning questions

What is his excuse?
Was ist seine Ausrede?

Who is responsible for the accident?
Wer ist für den Unfall verantwortlich

What does the driver offer?
Was bietet der Fahrer an?

16. Studying in German
In Deutschland studieren

My name is Fred, I come from Canada and I'd like to study in Germany.

Ich heiße Fred, komme aus Kanada und möchte in Deutschland studieren.

The professor: "To be admitted to a university in Germany to study nationally important courses, you must have a fairly good level in German.

Der Professor: Um zur Universität in Deutschland zugelassen zu werden, um national wichtige Kurse zu studieren, müssen Sie über ein ziemlich gutes Deutschniveau verfügen.

"How can I proof my level?"

Wie kann ich mein Niveau nachweisen?

The professor:"You will be able to prove your knowledge by passing a language test. But if you want to study in an international field, then it will not be a necessary condition."

Der Professor: Sie können Ihre Kenntnisse durch einen Sprachtest nachweisen. Wenn Sie jedoch ein internationalen Fach studieren möchten, ist dies keine notwendige Voraussetzung. "

"That means, I can improve my German knowledge by doing a simple language course."

Das heißt, ich kann meine Deutschkenntnisse durch einen einfachen Sprachkurs verbessern.

The professor: "That's seems like how it is with us."

Der Professor: So sieht es bei uns aus.

"Excellent", I reply. "Fortunately I already speak a little German."

Sehr gut, antworte ich. Zum Glück spreche ich schon ein bisschen Deutsch.

Learning questions
What is my goal?
Was ist mein Ziel?

How can I prove my German skills?
Wie kann ich meine Deutschkentnisse verbessern?

Why do I have to do a language test?
Warum muß ich eine Sprachprüfung machen?

17. I need to go to Spain
Ich muss nach Spanien reisen

Me: "Good morning, I'd like to buy a bus ticket to Spain."
Ich: Guten Morgen, Ich möchte eine Busreise nach Spanien buchen.

The sales person: "Of course. When would you like to go?"
Der Verkäufer: Selbstverständlich. Wann möchten Sie fahren?

Me: "I'd like to go at the beginning of December and I want to be back by January."
Ich: Ich möchte Anfang Dezember los und bis Januar möchte ich zurück sein.

The sales person: "To what city would you like to go?"
Der Verkäufer: In welche Stadt möchten Sie fahren?

Me: "Please book a seat to Madrid."
Ich: Bitte buchen Sie einen Platz nach Madrid.

The sales person: "Would you like to buy travel insurance?"
Der Verkäufer: Brauchen Sie eine Reiseversicherung?

Me: No, I just need a cheap ticket.
Ich: Nein, nur eine günstige Fahrkarte.

Learning questions
Where do I want to go?
Wohin möchte ich fahren?
What are my travel dates
Wann sind meine Reisedaten?

18. Our new house
Unser neues Haus

My dad bought a big new house for all of us. The house has three floors and there are eight rooms on each floor. There is also a big attic, which my father intends to rent. My father explains to me that it is not easy to find reliable and wealthy tenants

Mein Vater hat für uns alle ein neues Haus gekauft. Das Haus hat drei Stockwerke und acht Räume in jedem Stockwerk. Es gibt auch einen großen Dachboden, den mein Vater vermieten möchte. Mein Vater erklärt mir das es nicht einfach ist, verlässliche und wohlhabende Mieter zu finden.

The father: "We are going to rent the upper floor."
Der Vater: Wir vermieten das oberste Stockwerk.

The mother: "But to find good tenants is not easy."
Die Mutter: Aber gute Mieter zu finden ist nicht einfach.

Me: "When will the first interested people come?"
Ich: Wann kommen die ersten Interessenten?

The father: "A lot of people will come at the weekend to take a look at the apartment."
Der Vater: Am Wochenende kommen viele Leute um sich die Wohnung anzuschauen.

The mother: "Last weekend there were already two families.

They'd like to rent the apartment, but your dad didn't want these people as new tenants."
Die Mutter: Letztes Wochenende hatten wir zwei Familien. Sie möchten die Wohnung mieten, aber dein Vater wollte diese Leute nicht als neue Mieter haben.

Me: "Why didn't we want them as tenants?"
Ich: Warum wollten wir die nicht als Mieter?

The father: "The first family was unemployed and the second family wanted to bring a sick grandmother into the house. "
Der Vater: Die erste Familie war arbeitslos und die zweite Familie wollte eine kranke Großmutter ins Haus holen.

Learning questions

Why does the father want to rent the attic?
Warum will der Vater den Dachboden vermieten?

What kind of tenants does he seek?
Welche Mieter sucht er?

19. Where Is Our Cat?
Wo ist unsere Katze?

One morning we found a dead bird lying in front of our door. It looked like someone placed it there.

Eines morgens finden wir einen toten Vogel vor der Haustür. Es sieht aus, als ob jemand sie dort hingelegt hätte.

I told my mother: "I think our cat Mika did this."
Ich sagte meiner Mutter: Ich glaube unsere Katze Mika hat das gemacht.

My mother answered: "That's nature, we must not interfere."
Meine Mutter antwortete: Das ist die Natur, da darf man sich nicht einmischen.

I disagreed. "That's dangerous."
Ich bin anderer Meinung. Das ist gefährlich.

"Why?"
Warum?

"The dead bird carries bacteria. Mika will bring that bacteria into our house."
Der tote Vogel hat Bakterien. Mika wird die Bakterien in unser Haus bringen.

"You are right", said my mother, concerned.
Da hast du recht, sagt meine Mutter betroffen.

My mother had to make a decision. She took the cat into the house and after that I never saw Mika again.
Meine Mutter musste eine Entscheidung treffen. Sie nahm die Katze ins Haus und danach habe ich Mika nie wieder gesehen.

<u>Learning questions</u>
What did the cat do?
Was hat die Katze gemacht?
What is the mother doing?
Was macht die Mutter?

20. A big help
Eine grosse Hilfe

Andy: "Excuse me, but do you need help you to cross the street?"
Andy: Entschuldigung, aber brauchen Sie Hilfe die Straße zu überqueren?

The pensioner: "That'd be very nice. Please help me."
Der Rentner: Das wäre sehr nett. Bitte helfen Sie mir.

Andy: "To get a green light, the pedestrian has to push a button."
Um grünes Licht zu bekommen, muss der Fußgänger den Knopf drücken.

The pensioner: "I didn't know that."
Der Rentner: Das wusste ich nicht.

Andy: "A lot of elderly don't know that or they forget to push the button.
Viele ältere Menschen wissen das nicht oder sie vergessen den Knopf zu drücken.

Learning questions
What does Andy offer?

Was bietet Andy an?
What do not know many older people?
Was wissen viele ältere Menschen nicht?

21. Elderly people need help
Ältere Leute brauchen Hilfe

A pensioner wait in line in front of a teller in a movie theater.
Ein Rentner steht in einer Schlange vor der Kasse in einem Kino

Adam : "May I let you pass?"
Adam: Darf ich Sie vorlassen?

The pensioner: "Gladly, that's very nice."
Der Rentner: Gerne, das ist sehr nett.

Adam : "I understand you cannot stand that long in line."
Adam: Ich kann verstehen, dass Sie nicht so lange anstehen können.

The pensioner: "That's right. I have a problem with my hip."
Der Rentner: Das ist richtig, Ich habe ein Problem mit der Hüfte.

Adam : "What kind of movie would you like to watch?"
Was für einen Film möchten Sie sich anschauen?

The pensioner: "I am going to watch a comedy."
Der Rentner: Ich werde mir eine Komödie anschauen.

Learning questions

What does Adam offer to the retiree?
Was bietet Adam den Rentner an?

What's wrong with the retiree?
Was für ein Problem hat der Rentner?

What kind of film does the retiree want to see?
Was für einen Film möchte der Rentner sich anschauen?

22. Down with the pounds
Runter mit den Pfunden

Marion has recently gained weight. Every morning she weighs herself on a scale. She's a little ashamed of herself, because everyone in her family is pretty thin. For Christmas she expects her whole family to visit her.

Marion hat neulich wieder Gewicht zugenommen. Jeden Morgen wiegt sie sich auf der Waage. Sie schämt sich ein bisschen, denn jeder in ihrer Familie ist schlank. Weihnachten erwartet sie die ganze Familie zu Besuch.

The mother: "Marion, did you gain weight ?"
Die Mutter: Marion, hast du zugenommen?

Marion: "No, I am on a diet."
Marion: Nein, ich bin auf Diät.

The mother: "Whether you have gained weight or lost it you cannot see it."
Die Mutter: Ob du zu- oder abgenommen hast, man kann es nicht sehen.

Marion: "But the last months I lost five kilos."
Marion: Aber die letzten Monate habe ich fünf Kilo abgenommen.

The mother: "I don't believe you."
Die Mutter: Das glaube ich dir nicht.

Marion: "I will prove it to you and the family."
Marion: Das werde ich dir und der Familie beweisen.

Learning questions

Why does Marion feel ashamed?
Warum schämt sich Marion?

How many kilos did Marion lose?
Wie viele Kilo hat Marion abgenommen?

23. An old trick
Ein alter Trick

The guest: "Hi, can I borrow fifty euros?"
Der Gast: Hallo, kannst du mir fünfzig Euro leihen?

Me: "Normally I never lend money. Friendship ends with money."
Ich: Normalerweise verleihe ich kein Geld. Bei Geld hört die Freundschaft auf.

The guest: "I pay you back tomorrow."
Der Gast: Morgen zahle ich zurück.

I believe him and lend him my money. The next day the man is not there. After a week the man is there and he pays me back.
Ich glaube ihm und verleihe das Geld. Am nächsten Tag ist der Mann nicht da. Nach einer Woche ist der Mann zurück und zahlt mich.

Me: "It's about time. I already doubted you."
Ich: Das wurde auch Zeit. Ich habe schon an dir gezweifelt.

The next day I meet him again.
Am nächsten Tag treffe ich ihn wieder.

The guest: "Can I borrow one hundred euros?"

Der Gast: Kannst du mir einhundert Euro leihen?

Me: "Today I can't. I am sorry."
Ich: Heute kann ich nicht. Es tut mir leid.

Learning questions

What is the guest asking me?
Was möchte der Gast von mir?

What do you think is the trick he is trying to do?
Was glaubst du ist sein Trick den er versucht?

24. I'll be back soon
Ich bin gleich zurück

Today I'm late. I have to be at work in ten minutes. I am already sitting in my car and suddenly I remember that I forgot my keys.

Heute bin ich spät dran. In zehn Minuten muss ich auf der Arbeit sein.

Ich sitze schon im Auto und plötzlich erinnere ich mich, dass ich die Schlüssel vergessen habe
.

I drive back and park in front of my house. There's a police officer.

Ich fahre zurück und parke direkt vor meinem Haus. Dort steht ein Polizist.

The police officer: "You cannot park here!"
The Polizist: Sie dürfen hier nicht parken!"

Me: "I just have to go into the house really quick. I'll be right back."
Ich: Ich muss nur ganz schnell ins Haus. Ich bin gleich zurück.

The police officer: "Why you have to go into the house?"
Der Polizist: Warum müssen Sie ins Haus?

Me: "I live here and I forgot my keys."
Ich: Ich lebe hier und habe meine Schlüssel vergessen.

The police officer: "You have one minute, after that I call the

tow truck"
Der Polizist: Sie haben eine Minute, danach rufe ich den Abschleppwagen.

Learning questions

Why do I have to go back to the house?
Warum muss ich zurück ins Haus?

With what is the police officer threatening me?
Womit bedroht mich der Polizist?

25. The birthday party
Die Geburtstagsparty

Nico: "Hi Andreas, do come next Friday to my birthday party?"
Nico: Hallo Andreas, kommst du nächsten Freitag zu meiner Geburtstagsparty?

Andreas: "Gladly, where do you celebrate?"
Andreas: Gern, who feierst du?

Nico: "The party will be in my apartment."
Nico: Die Party findet in meiner Wohnung statt.

Andreas: "How old are going to be?"
Andreas: Wie alt wirst du?

Nico: "I will be thirty years old. In the morning my parents, my siblings and my grandparents will come."
Nico: Ich werde dreißig Jahre alt. Am Morgen kommen meine Eltern, meiner Geschwister und meine Großeltern.

Andreas: "Do you need help?"
Andreas: Brauchst du Hilfe?

Nico: "In the morning my mother will help me with the food. We will cook and afterward we will bake a cake together."
Nico: Am Morgen hilft mir meine Mutter mit dem Essen. Wir kochen und danach backen wir zusammen einen Kuchen.

Andreas: "What do you eat in the evening?"
Andreas: Was isst du abends?

Nico: "For the evening we will prepare lamb. My family likes traditional German food."

Nico: Für den Abend bereiten wir Lamm vor. Meine Familie mag traditionelles deutsches Essen.

Andreas: "But the most important thing is the birthday cake. It has to come with thirty candles and must be decorated with a lot of whip cream."
Andreas: Aber das Wichtigste ist doch der Geburtstagskuchen. Der muss mit dreißig Kerzen und viel Schlagsahne dekoriert sein.

Nico: "Exactly! Thirty candles means I have become thirty! Friday will be an important day!"
Nico: Genau! Dreißig Kerzen heißt ich bin dreißig geworden. Freitag wird wichtig werden!"

Learning questions

What does Nico's mother Friday morning?
Was macht Nicos Mutter Freitag morgen?

What's the most important thing at his party?
Was ist das Wichtigste auf seiner Geburtstagsparty?

26. Knocking stones
Steine klopfen

The child: "Excuse me. Why are you sweating so much?"
Das Kind: Entschuldigung, warum schwitzen Sie so viel?

Me: "I have to work hard. That's why I am sweating so much and I am also tired", I explain.
Ich: Ich muss hart arbeiten. Darum schwitze ich so viel und außerdem bin ich müde.

The child: "Why do you have to work so hard?"
Das Kind: Warum musst du so hart arbeiten?

Me: "I have to carry bricks, because I don't have an education."
Ich: Ich muss Steine tragen, denn ich habe keine Ausbildung.

The child: "But you are already old."
Das Kind: Aber du bist doch schon alt.

Me: "I can't do anything else and I have my reasons."
Ich: Ich kann nichts anderes machen, und ich habe meine Gründe.

Suddenly a man approaches. It is my boss. He makes grim face. "Why are you standing around and talk with a child?"
Plötzlich kommt ein Mann. Es ist der Chef. Er macht ein böses Gesicht. "Warum stehen Sie hier herum und reden mit einen Kind?"

I explain that I make only a short break and the child just wanted to know why I am sweating so much.
Ich erkläre, dass ich nur eine kurze Pause mache und das Kind wollte nur wissen, warum ich soviel schwitze.

The boss: "Why are you sweating?"
Der Chef: Warum schwitzen Sie?

Me. "Because I was carrying so many bricks".
Ich: Weil ich soviele Steine getragen habe.

The boss: "Enough talk, carry on."
Der Chef: Genug geredet, weiter machen.

Learning questions

Why do I sweat so much?
Warum schwitze ich so viel?

What do I explain to my boss?
Was erkläre ich meinen Chef?

What is my problem
Was ist mein Problem

27. After the storm
Nach dem Sturm

Herbert : "Berta, we don't have no electricity anymore!"
Berta, wir haben keinen Strom mehr!

Berta : "That's not so bad. But we have no water!"
Das ist nicht so schlimm. Aber wir haben kein Wasser mehr!

Herbert : "Everything is dark. Where is the police?"
Alles ist dunkel. Wo ist die Polizei?

Berta : "They said we have to wait for the fire brigade."
Sie sagen, wir müssen auf die Feuerwehr warten.

Herbert : "Do we still have enough food?"
Haben wir noch genügend Lebensmittel.

Berta : "Yes, but that's not the problem, because next to our nursing home is a hotel."
Ja, aber das ist nicht das Problem, denn neben unserem Altersheim befindet sich ein Krankenhaus.

Herbert : "That's good, they will help us."
Das ist gut, die werden uns helfen.

Learning questions

Is there still enough food?
Gibt es noch genügend Lebensmittel?

What are they waiting for?
Worauf warten sie?

Who do they think will help them?
Wer glaubst du, wird ihnen helfen?

28. The vegetarian restaurant
Das vegetarische Restaurant

Melani is determined to make changes in her life.
Melani ist entschlossen Veränderungen in ihrem Leben zu machen.

She doesn't like to cook, therefore she's asking a friend for advice.
Sie mag nicht kochen, deshalb fragt sie eine Freundin um Rat.

The friend : "Melani, it's best to start a diet without meat."
Die Freundin: Melani, am Besten ist es, eine Diät ohne Fleisch anzufangen.

Melani : "If I have time, I'll also start to cook new diet dishes."
Melani: Wenn ich Zeit habe, werde ich auch anfangen neue Diät Gerichte zu kochen.

The friend : "But cooking takes time and you have only a small kitchen."
Die Freundin: Aber kochen kostet Zeit und du hast nur eine kleine Küche.

Melani : "That's why I am often go to vegetarian restaurants. My favorite food is tofu. Before I liked hamburgers and fries."
Melani: Deshalb gehe ich oft in vegetarische Restaurants. Mein Lieblingsessen ist Tofu. Davor habe ich gerne Hamburger und Pommes gegessen.

The friend: But tofu has a lot of calories too!"
Die Freundin: Aber Tofu hat auch Kalorien!

Learning questions

What is Melani's plan?
Was ist Melanis Plan?

What are the types of foods Melani prefers?
Welche Lebensmittel bevorzugt Melani?

Why does Melani likes to go to a vegetarian restaurant?
Warum möchte Melani in ein vegetarischen Restaurant gehen?

29. Trains and buses
Züge und Busse

Markus: "Where is grandma actually living?"
Markus: Wo lebt eigentlich Großmutter?

Berta: "Our grandma lives in another city, near Berlin.
Berta: Unsere Großmutter lebt in einer anderen Stadt, nahe Berlin.

Markus: "To visit grandma, do we have to transfer to get there?"
Markus: Um Großmutter besuchen zu können, müssen wir umsteigen um dort hinzukommen?

Berta: "Yes, to visit grandma, first we have to take the train and then the bus. At the central station in Berlin we have to change the train."
Berta: Ja, um Großmutter besuchen zu können, müssen wir zuerst den Zug nehmen und dann den Bus. Auf dem Hauptbahnhof in Berlin müssen wir den Zug wechseln.

Learning questions

What public transport do we use first?
Welche öffentlichen Verkehrsmittel nehmen wir zuerst?

How can we get to grandmother?
Wie kommen wir zu Großmutter hin?

30. Divorced
Geschieden

Last year, my husband and I got divorced. My ex-husband is an alcoholic and cannot provide for his family.
Letztes Jahr wurden mein Mann und ich geschieden. Mein Ex Ehemann ist Alkoholiker und kann seine Familie nicht unterstützen.

My husband : "Why you want to get divorced?"
Mein Ehemann: Warum willst du dich scheiden lassen?

Me : "Because you drink too much alcohol."
Ich: Weil du zuviel Alkohol trinkst.

My husband : "What about the children?"
Mein Ehemann: Was ist mit den Kindern?

Me : "Fortunately, the children are already grown up. But they still need support."
Ich: Zum Glück sind die Kinder schon erwachsen. Aber sie brauchen noch Unterstützung.

My husband : "Do I have to support the children myself?"
Mein Ehemann: Muss ich die Kinder allein unterstützen?

Me : "We do that together."
Ich: Das machen wir zusammen.

Learning questions

Why do I want to divorced my husband?
Warum möchte ich mich von meinen Ehemann scheiden lassen?
What happens to children?
Was passiert mit den Kindern?

31. Special shoes
Besondere Schuhe

Wolfgang enters a shoe shop for pensioners.
Wolfgang betritt einen Schuhladen für Rentner.

Wolfgang asks the sales person: "Do you have working shoes?"
Wolfgang fragt den Verkäufer: Haben Sie auch Arbeitsschuhe?

The sales person: "Yes, working shoes are on promotion now."
Der Verkäufer: Ja, Arbeitsschuhe sind im Angebot.

Wolfgang sees a very nice pair of shoes on the shelf and asks: "Do you have these shoes in size 45?"
Wolfgang sieht ein schönes Paar Schuhe im Regal und fragt: Haben Sie diese schuhe auch in Größe 45?

The sales person said: "No, the shoes in the shelf come as they are."
Der Verkäufer sagt: Nein, diese Schuhe kommen wie sie sind.

Wolfgang decides to buy the shoes that are on the shelf. The next Monday Wolfgang is wearing his new shoes. In the evening, he foot is bleeding and his heel hurts. A week later, Wolfgang has to wear sandals.
Wolfgang entschließt sich die Schuhe aus dem Regal zu kaufen. Am nächsten Montag trägt er die neuen Schuhe.

Am Abend blutet sein Fuß und die Hacke schmerzt. Eine Woche später muss Wolfgang Sandalen tragen.

His wife wants to know: "Why did you buy shoes that are too large?
Sein Frau möchte wissen: Warum hast du Schuhe gekauft, die zu groß sind?

Wolfgang replies: "Only one shoe was too large, but die shoes were very cheap."
Wolfgang antwortet: Nur ein Schuh war zu groß, aber die Schuhe waren sehr günstig.

Learning questions

What kind of shoes is he looking for?
Nach welchen Schuhen hat er gesucht?

Why does he have a sore foot?
Warum hat er einen schmerzenden Fuß?

Why did he buy the shoes?
Wo hat er die Schuhe gekauft?

32. I marry my office
Ich heirate mein Büro

At the office.
Im Büro

The colleague: "Willi, you see to be unfocused."
Der Kollege: Willi, du scheinst unkonzentriert.

Willi has a secret. He won't tell anyone that he has a new girlfriend.
Willi hat ein Geheimnis. Er wird niemanden sagen, dass er eine neue Freundin hat.

Willi "I have a secret that nobody must know."
Ich habe ein Geheimnis, dass keiner kennen darf.

The colleague: "But what is your great secret, Willi?"
Der Kollege: Aber was ist dein großes Geheimnis, Willi?

Willi does not say it, but the truth is he met his new girlfriend on the street. Willi paid for the time he spent with her. One day, Willi tells his colleagues that he will be getting married soon. But one of the colleagues found it all out and tells the supervisor that Willi met his girlfriend in the street.
Willi sagt es nicht, aber die Wahrheit ist, dass er seine neue Freundin auf der Straße getroffen hat. Willi hat für die Zeit bezahlt, die er mit ihr verbracht hat. Eines Tages erzählt er seinen Kollegen dass er bald heiraten wird. Aber ein Kollege hat es alles herausgefunden und erzählt den Vorgesetzten, dass Willi seine Freundin auf der Straße getroffen hat.

The supervisor: "Willi, if you marry this woman you can no longer work in our company.
Der Vorgesetzte: Willi, wenn du diese Frau heiratest, kannst du nicht mehr in unserer Firma arbeiten.

Willi thinks a lot of what he should do. Marry his girlfriend or keeping his job. Finally he speaks to the supervisor. "I have been thinking about this. I am getting married. But not with my girlfriend, I am going to marry my office."
Willi überlegt sich was er machen soll. Seine Freundin heiraten oder seine Arbeit behalten. Schließlich spricht er mit den Vorgesetzten.

Ich habe darüber nachgedacht. Ich werde heiraten. Aber nicht meine Freundin, ich werde mein Büro heiraten.

Learning questions

What is Willi's secret?
Was ist Willis Geheimnis?
What choice does Willi have?
Welche Wahl hat Willi?
Is he going to marry?
Wird er heiraten?

---

33. In the restaurant
Im Restaurant

A customer sits in a small restaurant.
Ein Gast sitzt in einem kleinen Restaurant.

The customer: "Excuse me but this restaurant is not clean"
Der Kunde: Entschuldigen Sie, aber das Restaurant ist nicht sauber.

The restaurant owner: "Why do you believe that?"
Die Restaurant Besitzerin: Warum glauben Sie das?

The customer: "Look, there are cockroaches running over the table."
Der Gast: Schauen Sie, dort laufen Kakerlaken über den Tisch.

The owner: "But my dishes are healthy."
Die Restaurant Besitzerin: Aber meine Gerichte sind gesund.

"Why should your food be healthy", the customer demands to know.
Warum sollten Ihre Gerichte gesund sein", möchte der Gast wissen.

The restaurant owner: "My dishes have few calories so my customers won't gain weight."
Die Restaurant Besitzerin: Meine Gerichte haben wenig Kalorien, das heißt meine Kunden nehmen kein Gewicht

zu.

"Buy yourself a cook book", the customer complaints. "Fries and hamburgers makes you fat."
Kaufen Sie sich ein Kochbuch, beschwert sich der Gast. Pommes und Hamburger machen dick.

One day, the restaurant owner has an idea. After a few days of trial and error, she starts serving lean food. A regular customer asks what is the secret of this new tasty food? She tells the customer that the meat was made of insects. Insects are very healthy and she had caught the insects all in the restaurant.
Eines Tages hat die Restaurant Besitzerin eine Idee. Nach einigen Tagen von Versuchen, fängt sie an neue Gerichte zu servieren. Ein Stammgast fragt, was das Geheimnis dieses neuen leckeren Essens ist. Sie sagt dem Gast, dass das Fleisch aus Insekten besteht. Insekten sind sehr gesund und sie hat die ganzen Insekten im Restaurant gefangen.

Learning questions

Why does the customer think the restaurant is dirty?
Warum glaubt der Gast, dass das Restaurant schmutzig ist?

Why does she think her food is healthy?
Warum glaubt sie, ihr Essen ist gesund?

What is her new idea?
Was ist ihre neue Idee?

34. Only a little pregnant
Nur ein bisschen schwanger

Elsa is concerned that is might be pregnant. She is visiting a doctor to find out.»
Elsa macht sich Sorgen, dass sie schwanger sein könnte. Sie besucht den Arzt um es herauszufinden.

The doctor. "You are not pregnant and you have never been pregnant."
Der Arzt: Sie sind nicht schwanger und Sie waren noch nie schwanger.

Elsa : "But why am I gaining constantly weight? The scale already hits the limit."
Aber warum wiege ich immer mehr? Die Waage schlägt ans Limit.

The doctor: "Your belly shows a strange shape. We have to make x-rays."
Der Arzt: Ihr Bauch zeigt eine ungewöhnliche Form. Wir müssen röntgen.

After the x-rays the doctor must perform surgery, he says they have to remove something out of her body. After the operation Elsa weights only 60 kilos.
Nach den röntgen muss der Arzt operieren. Er sagt, er muss etwas aus ihrem Körper entfernen.

"What happened to me", Elsa asks after the surgery.

Was ist mit mir passiert, fragt Elsa nach der Operation.

The doctor points his finger to the garden: See this 100 kilo donkey? We pulled out of your belly."
Der Arzt zeigt mit dem Finger in den Garten. Sehen Sie den 100 Kilo Esel? Den haben wir aus Ihrem Bauch gezogen.

Lernfragen

Why does Elsa think she is pregnant?
Warum glaubt Elsa, sie ist schwanger?

Is there anything unusual about her body?
Gibt irgendetwas ungewöhnliches an ihrem Körper?

What did they pull out of her body?
Was hat man aus ihrem Körper gezogen?

35. Future plans
Zukunftspläne

Me: "What do you think should I do in the future?"
Ich: Was, glaubst du, soll ich in Zukunft machen?

A good friend: "The best thing would be what you always have been dreaming of."
Ein guter Freund: Das Beste wäre das, wovon du immer geträumt hast.

Me: "I dream to go to university to study medicine. Then I could become a doctor and open my own business."
Ich: I habe davon geträumt auf die Universität zu gehen, um Medizin zu studieren.

A good friend. "But could you really achieve that?"
Ein guter Freund: Aber könntest du das wirklich schaffen?

Me: "Then I could work in a hospital. I have a great idea, I will become a plastic surgeon. Plastic surgeons are supposed to make a lot of money, especially in the U.S.
Ich: Dann könnte ich im Krankenhaus arbeiten. Ich habe eine großartige Idee. Ich werde Chirurg. Chirurgen sollen viel Geld verdienen, besonders in den Vereinigten Staaten.

A good friend: That's a great idea."
Ein guter Freund: Das ist eine tolle Idee.

Lernfragen

What is my dream?
Was ist mein Traum

What thinks my friend is a great idea?
Was glaubt mein Freund, ist eine tolle Idee?

36. Spring-cleaning
Der Frühjahrsputz

Gabi : "Hi Sabine, what are you doing today?"
Hallo Sabine, was machst du heute?

Sabine : "Hi Gabi, today I will clean the house."
Hallo Gabi, heute mache ich das Haus sauber.

Gabi : "Why is that?"
Warum denn?

Sabine : "Because all my family is doing a spring cleaning."
Weil meine ganze Familie Frühjahrsputz macht.

Gabi : "Tell me how that works."
Sag mir, wie das funktioniert.

Sabine : "For a spring-cleaning you need to clean the windows, the carpets; thoroughly mob the floor, you dust furniture and you must also cleaning the mattresses
Für den Frühjahrsputz müssen die Fenster geputzt und die Teppiche gereinigt werden. Der Boden muss richtig gewischt werden, du musst die Möbel abstauben und die Matratzen müssen gereinigt werden.

Gabi : "This has to be hard."
Das muss schwer sein.

Sabine : "No, for the spring cleaning all the family helps. I

can't do it by myself."
Nein, beim Frühjahrsputz hilft die ganze Familie. Alleine schaffe ich es nicht.

Lernfragen

What is Sabine going to do today?
Was wird Sabine heute machen?

What things must be clean first?
Welche Sachen müssen als Erstes gemacht werden?

37. We are moving
Wir ziehen um

"Listen kids, everything has to be packed in boxes."
Hört zu Kinder, alles muss in Kartons verpackt werden.

"Which boxes should we use?"
Welche Kartons müssen wir nehmen?

"We bought a lot of packaging material and small boxes."
Wir haben viel Packmaterial und kleine Kartons.

Which things should we put into the boxes?"
Welche Sachen müssen zuerst in die Kartons gepackt werden?

"We made a list about what things will be packed in which boxes."
Wir haben eine Liste mit den Sachen die zuerst in die Kartons gepackt werden.

"When are we moving?"
Wann ziehen wir um?

"I have rented a truck for friday.
Am Freitag habe ich einen Lastwagen gemietet.

Lernfragen

Why do we need boxes?
Warum brauchen wir Kartons?

What did I rent?
Was habe ich gemietet?

When are we moving?
Wann ziehen wir um

38. A happy marriage
Eine glückliche Heirat

My husband is very romantic and takes good care of me.
Mein Ehemann und ich sind sehr romantisch und er passt gut auf mich auf.

My husband: *"Helga, are you spending the morning with watching tv again?"*
Mein Ehemann: Helga, verbringst du wieder den Morgen mit fernsehen gucken?

Me : *"Just this morning, afterwards I will do sports."*
Ich: Nur heute morgen, danach mache ich Sport.

My husband : *"Exercising helps against overweight."*
Mein Ehemann: Sportübungen helfen gegen Übergewicht.

Me : *"We have an agreement that we make a diet."*
Ich: Wir haben eine Übereinkunft, dass wir eine Diät machen.

My husband: *"We shouldn't eat anymore sweets."*
Mein Ehemann: Wir sollten keine Süßigkeiten mehr essen.

Me: *"I found a box of sweets in the basement."*
Ich: Ich habe einen Karton mit Süßigkeitn im Keller gefunden.

Learning questions

What do I like to do in the morning?
Was mag ich gerne morgens machen?

What's our agreement?
Was ist unsere Übereinkunft?

What should we not eat?
Was sollten wir nicht essen?

39. Joining clubs
Klubs beitreten

In Germany many people are members of a club. Organisations and automobile clubs are quite common. These are also places where people like to socialize. Many people spent a lot of time in social clubs.
In Deutschland treten viele Menschen in einem Verein ein. Organisationen und Automobil Vereine sind verbreitet. Es sind auch Orte wo die Menschen sich aus sozialen Gründen treffen. Viele Menschen verbringen viel Zeit in sozialen Vereinen.

"Good morning Ms. Schulz. What are you doing so early this morning on the street?"
Guten Morgen Frau Schulz. Was machen Sie so früh am Morgen auf der Straße?

"I have a meeting in a club."
Ich habe ein Treffen in einem Verein.

Stimmt das wirklich Frau Schulz? Es ist erst fünf Uhr.
Is this true Ms. Schulz? It is only five o'clock.

You shouldn't ask me that.
Das sollten Sie mich nicht fragen.

"Are you member in a sports club?"
Sind Sie Mitglied in einem Sportverein?

"No I have a meeting with an automobile club.
Nein, ich habe ein Treffen in einem Automobil Verein.

"Me too! Then we meet us there again."
Ich auch! Dann treffen wir uns dort wieder.

<u>Lernfragen:</u>

Where do a lot of people spend a lot of time?
Wo verbringen viele Leute viel Zeit?

What is Ms. Schulz doing on the street?
Was macht Frau Schulz auf der Straße

Where will they meet again?
Wo werden sie sich wiedersehen?

40. Watching TV in Germany
Fernsehen in Deutschland

In German, most movies are shown late at night. Most TV channels show sports, news and old television series.
In Deutschland werden viele Spielfilme erst spät in der Nacht gezeigt. Die meisten Fernsehkanäle zeigen Sport, Nachrichten und alte Fernsehserien.

The daughter: "What's on TV today?"
Die Tochter: Was gibt es heute im Fernsehen?

The mother: There is always sports, news and old series that I have already seen."
Die Mutter: Es gibt immer Sport, Nachrichten und alte Serien die ich schon gesehen habe.

The daughter: "I would like to see a movie."
Die Tochter: Ich möchte einen Spielfilm sehen.

The mother: "Then you better go to the cinema. Movies they show usually at night."
Die Mutter: Dann gehst du am Besten ins Kino. Spielfilme werden normalerweise nachts gezeigt.

The daughter: "Tell me more about typical TV progams in this country."
Die Tochter: Sag mir mehr über typische Fernsehprogramme in diesem Land

The mother: "Watching TV in Germany can be a little boring.

It's better to spend time with friends and family."

Die Mutter: Fernsehen in Deutschland kann ein bisschen langweilig sein. Es ist besser, Zeit mit Freunden und Familie zu verbringen.

Lernfragen

What are typical TV programs in Germany
Was sind typische Fernsehprogramme in Deutschland?

What is the mother suggesting?
Was schlägt die Mutter vor?

41. The ATM
Der Geldautomat

"Excuse me. How does an ATM machine work in German?"
Entschuldigen Sie. Wie funktioniert ein Geldautomat in Deutschland?

"First you have to insert the card into the ATM. On the screen you will be asked for a secret number. The number is also called PIN and has four digits."
Zuerst müssen Sie die Karte in den Geldautomat stecken. Auf dem Bildschirm werden Sie nach einer Geheimnummer gefragt. Die Nummer nennt sich auch PIN und hat vier Zahlen.

"Can I get directly into my account?"
Kann ich direkt in das Konto rein?

"Yes, after that I have access to my account. On the screen I can see how much by balance is."
Ja, danach haben Sie Zugang auf Ihr Konto. Auf dem Bildschirm können Sie Ihr Guthaben sehen.

"How much money can I take out?"
Wievel Geld kann ich abheben?

"Most ATM's have maximum payment of 1000 euros per day. After I have taken the money I have to take out the card. At the end I get a receipt."
Die meisten Geldautomaten haben einen Höchstbetrag

von 1000 Euro Auszahlung pro Tag. Am Ende bekomme ich einen Beleg.

Lernfragen

Can I see my assets at the screen?
Kann ich mein Guthaben auf dem Bildschirm einsehen?

How much money can I get paid out?
Wieviel Geld kann ich mir auszahlen lassen?

42. The funeral
Die Beerdigung

"When did grandmother died?"
Wann ist Großmutter gestorben?

"Grandma died last weekend."
Großmutter ist letztes Wochenende gestorben.

"Where do they bury her?"
Wo wird sie beerdigt?

"In Germany it is custom to get buried at a cemetery."
In Deutschland ist es Brauch auf dem Friedhof beerdigt zu werden.

"Who is paying for the funeral?"
Wer zahlt für die Beerdigung?

"Normally the family pays for it."
Normalerweise zahlt die Familie dafür.

Lernfragen
Wer zahlt in Deutschland normalerweise für die Beerdigung?
Wo werden die Toten in Deutschland begraben?

43. New neighbors
Neue Nachbarn

"Who is our new neighbor?"
Wer ist unser neuer Nachbar?

"Below us lives a young man. He is a student and lives by himself. He has a cat in his apartment."
Unter uns lebt ein junger Mann. Er ist Student und lebt allein. Er hat eine Katze in seiner Wohnung.

"Is he a nice person?"
Ist er ein netter Mensch?

"Yes, he always greets me when we meet on the stairways."
Ja, er begrüßt mich, wenn wir uns im Treppenhaus begegnen.

"Do we have more neighbors?"
Haben wir noch mehr Nachbarn?

Yes, next week is tenant meeting. There I will meet all my new neighbors."
Ja, nächste Woche ist Mieterversammlung. Dort werde ich alle meine neuen Nachbarn treffen.

Lernfragen

Leben wir allein im Haus?
Was macht der Student, als ich ihm begegne?

44. The public swimming pool
Das öffentliche Schwimmbad

The major cities in Germany have public swimming pools. These are good places to learn to swim or to spend time with friends. Many young people go there in groups, especially on weekends.
Die meisten Großstädte in Deutschland haben öffentliche Schwimmbäder. Es sind gute Plätze, um schwimmen zu lernen und sich mit Freunden zu treffen. Dort gehen viele junge Menschen hin, besonders an Wochenenden.

"What are we going to do first?"
Was machen wir als erstes?

"We should first jump off the block and then we'll warm up."
Wir springen vom Bock und wärmen uns auf.

"We start with 1000 meters breaststroke. After that we can continue with freestyle.
Wir fangen mit 1000 Metern Brustschwimmen an. Danach machen wir im Freistil weiter.

"At the end we play water polo"
Spielen wir am Ende Wasserball?

"At the pool edge is always the lifeguard and watching us."
Am Beckenrand steht immer der Bademeister und beobachtet uns.

"Maybe the lifeguard thinks we don't not behave."
Vielleicht glaubt der Bademeister, dass wir uns nicht benehmen.

"Why?"
Warum?

"Last week we have been swimming here, but didn't shower. There was another kid here who left his excrements in the shower."
Letzte Woche waren wir hier zum schwimmen, aber wir haben nicht geduscht. Ein anderes Kind war hier und hat seine Exkremente in der Dusche hinterlassen.

Lernfragen

Womit fangen wir im Schwimmbad an?
Warum treffen sich die Leute im öffentlichen Schwimmbädern?

45. The tourist guide
Der Reiseführer

We are a group of German tourists in Rome. Mario is a tour guide but he speaks good German.

Wir sind eine deutsche Touristengruppe in Rom. mario ist unser Reiseführer, aber er spricht gut Deutsch.

Me: "Thank you for your tour. You speak very good German."

Ich: Danke für deine Führung. Du sprichst sehr gut Deutsch.

Mario: "I speak German well because ten years ago I worked in Hamburg in a factory. But now I came back here because business is good.

Mario: Ich spreche gut Deutsch, denn vor zehn Jahren habe ich in Hamburg in einer Fabrik gearbeitet.

Me: "Are you only a tourist guide?"
Ich: Bist du nur Reiseführer?

Mario: " I also work as a salesman on weekends, especially in the morning at markets.

Mario: Am Wochenende arbeite ich auch als Verkäufer,

vor allem morgens auf Märkten.

Me: "As a tourist guide, do you also work with tourist groups?"
Ich: Arbeitest du als Reiseführer auch mit Gruppen?

Mario: "I do. I tell tourists the history of the city. What interests them most are the Museums and where the good restaurants are. Fortunately. my uncle has a restaurant I can recommend.
Mario: Das mache ich. Ich erzähle den Touristen die Geschichte der Stadt. Was sie am Meisten interessiert, sind die Museen und wo die guten Restaurants sind. Zum Glück hat mein Onkel ein Restaurant, das ich empfehlen kann.

Lernfragen

Wo hat Mario früher gearbeitet?
Hat sein Onkel ein Geschäft?
Was macht Mario, wenn er nicht Reiseführer ist?

46. The painters arrive
Die Maler kommen

"Good morning, are you starting to paint the house from the outside?"
Guten Morgen. Fangen Sie heute das Haus von außen an zu streichen?

"Yes, we start with the upper floor. We brought a ladder. We start outside and we will paint the outside walls."
Ja, wir fangen im ersten Stock an. Wir haben eine Leiter mitgebracht. Wir fangen draußen an und wir streichen die Außenwände.

"Every wall has to be painted in white."
Jede Wand muss in Weiß gestrichen werden.

"That's what we will do. I have a bucket with paint, a brush and a roller. This way we can finish the house within one week."
Das werden wir mache. Ich habe einen Eimer mit Farbe, einen Pinsel und eine Rolle. So können wir das Haus in einer Woche fertig streichen.

"Tomorrow the inside walls have to be painted."
Morgen müssen die Innenwände gestrichen werden.

"All for cash and no questions asked."
Alles für bar und keine Fragen.

Lernfragen

Womit sollen die Maler anfangen?
Was sollen sie als Letztes machen?
Wie möchten die Maler bezahlt werden?

47. The recipe
Das Rezept

"How do you prepare schnitzel?"
Wie macht man Schnitzel?

"First, I buy thin slices of beef."
Zuerst, kaufe ich dünne Scheiben Rindfleisch.

"I pound them with the flat of my hand until they become really flat. I sprinkle both sides with salt and pepper. I prepare three plates. On the first plate, I put flour. On the second plate I put a beaten egg and in the third I have the breadcrumbs. I put the slices first into the flour, then in the egg and last I roll them in breadcrumbs."
Ich schlage sie mit der flachen Hand bis sie richtig flach sind. Beide Seiten bestreue ich mit Salz und Pfeffer. Ich bereite drei Teller vor. Auf den ersten Teller kommt das Mehl. Auf den zweiten Teller kommt ein geschlagenes Ei, und auf den dritten Teller Brotkrümel. Ich lege die Scheiben zuerst in das Mehl, dann in die Eier und zum Schluß rolle ich sie in die Brotkrümel.

"How do you cook it?"
Wie brätst du sie?

"The meat will be pan fried 3 minutes on both sides."
Das Fleisch wird in der Pfanne 3 Minuten von beiden Seiten gebraten.

Lernfragen

Was sind die Zutaten, um Schnitzel zu machen?
Was muss man als Erstes machen und was zum Schluß?

48. At the bakery
Beim Bäcker

My work starts in fifteen minutes. Before going to work, I'd like to stop at a local bakery to buy fresh bread. I open the door and there is already a long line. There are at least eight people in front of me waiting in line. They buy everything from cakes to German black bread. I have to be at the office in less than ten minutes. Then it's my turn. Suddenly, an old man jumps the line.

Meine Arbeit fängt in fünfzehn Minuten an. Bevor ich zur Arbeit geht, möchte ich beim Bäcker <u>anhalten</u>, um frisches Brot zu kaufen. Es stehen mindestens acht Leute vor mir in der Schlange. Sie kaufen alles, von Kuchen bis deutsches Schwarzbrot. In weniger als zehn Minuten muss ich auf der Arbeit sein. Dann komme ich dran. Plötzlich <u>drängelt</u> sich ein alter Mann <u>vor.</u>

"Excuse me, but it is my turn now", I say
Entschuldigen Sie, aber jetzt bin ich dran, sage ich.

The salesman: It is not your turn."
Der Verkäufer: Sie sind noch nicht dran.

"I was here first", I protested
Ich war zuerst hier, prostestiere ich

"Be quiet", says the salesman and continues to chat with the customer.

Seien Sie still, sagt der Verkäufer und redet weiter mit dem Kunden.

"How was your weekend", he's asking the old man.
Wie war ihr <u>Wochenende</u>, fragt er den alten Mann.

"Alright, I have to tell you something..."
In Ordnung, Ich muss Ihnen was erzählen.

I don't want to hold back anymore. I take the cake and throw it at the seller's face. The seller falls to the ground. All customers are shocked.
Ich will mich nicht mehr zurückhalten. Ich nehme den Kuchen und werfe ihn in das Gesicht des Verkäufers. Der fällt zu <u>Boden.</u> Alle Kunden sind geschockt.

"Anyone else wants cake", I asked.
Will noch jemand Kuchen, frage ich.

The customers ran out of the store, I take my bread and leave.
Die Kunden rennen aus dem Geschäft, Ich nehme mein Brot und gehe.

Key vocabulary

anhalten - to stop / to stop by
vordrängeln - queue jumping / line jumping

zurückhalten - to hold back / to refrain
das Wochenende - weekend
der Boden - floor / ground

Learning questions

Warum protestiere ich?
Warum bin ich wütend?
Was machen die Kunden nach dem Vorfall?

49. My drivers license
Mein Füherschein

"When did you make your drivers license?"
Wann hast du dein Führerschein gemacht?

"I made my drivers license shortly after my 18th birthday.
Ich habe meinen Führerschein kurz nach meinem 18. Geburtstag gemacht.

"Is a driver's license valid all your life in Germany?"
Ist der Führerschein in Deutschland ein Leben lang gültig?

"Generally speaking, the drivers license is valid as long as you live."
Normalerweise ist der Führerschein ein Leben lang gültig.

"What are you doing today?"
Was machst du heute?

"Today I am going to take the highway just for the fun of it. I will drive my father's car. My father has a Mercedes. But I will drive slowly and leave my vodka bottle at home."

Heute werde ich auf der Autobahn fahren, nur zum Spaß. Ich werde mein Vaters Auto benutzen. Er hat einen Mercedes. Aber ich werde langsam fahren und meine Vodka Flasche zu Hause lassen.

Lernfragen

Wie lange ist ein Führerschein in Deutschland gültig?
Was werde ich heute zu Hause lassen?

50. Appointment at the barbershop
Der Termin beim Frisör

In Germany, it is customary to make an appointment with the hairdresser, because there are not so many hairdressers as in many other countries.
In Deutschland ist es üblich einen Termin beim Frisör zu machen, denn es gibt nicht so viele Frisöre wie in vielen anderen Ländern.

"Guten Tag, ich habe einen Termin um elf."
Hello, I have an appointment at eleven."

"Guten Tag, Frau Meier. Wie möchten Sie ihr Haar geschnitten haben?"
"Hello, Mrs. Meier. How would you like to have your hair cut? "

"Nur vorne, und nur ein kleines Bisschen."
"Only at the front and just a little bit."

Certainly, Mrs. Meier. Would you like to dye your hair as well?
"Gerne Frau Meier. Möchten Sie auch ihre Haare färben?

"Ein kleines bisschen in rot, wenn ich bitten darf."
Just a little red, if I may.

"Gerne Frau Meier. Schönes Wetter heute, nicht wahr?
Certainly, Ms Meier. Nice weather today, isn't it so?

"It is raining a little."
"Es regnet ein bisschen."

"We are already done. Do we see each other again next week?"
"Wir sind schon fertig. Sehen wir uns nächste Woche wieder?

"You cut my hair very short."
"Sie haben mein Haar sehr kurz geschnitten."

"That's the correct way, Ms. Mayer. I know how it's best. As you know, I have spent three years to learn my trade as a hairdresser."
"Das muss so sein, Frau Meier. Ich weiß, wie es am Besten ist. Wie sie wissen, habe ich drei Jahre mein Handwerk als Frisösin gelernt."

Lernfragen

Wie möchte Frau Meier ihr Haar geschnitten haben?
Ist Frau Meier zufrieden mit ihrer Frisur?
Warum ist es in Deutschland üblich einen Termin beim Frisör zu machen?

German Short Stories for Advanced Beginners

51. Cheap groceries
Günstige Lebensmittel

Mein Name ist Fatima und heute gehe ich einkaufen. Als Student habe ich nicht so viel Geld und muss deshalb bei **Lebensmittel** sparen. Außerdem **unterstützte** ich meine Mutter im **Ausland**. Ich ernähre mich hauptsächlich von Reis und **Gemüse**. **Zum Glück** sind solche Sachen in Deutschland sehr günstig zu kaufen. Vormittags sind die Supermärkte meistens nicht so voll. Ich habe mir eine Liste geschrieben. **Ich kaufe heute für die ganze Woche.** Ich benötige Reis, Gemüse, Milch, Thunfisch und Pasta. Wenn ich etwas Günstiges finde, kaufe davon mehr. Kartoffel kaufe ich wenig, das ist mehr ein Gemüse für die Deutschen. In Deutschland muss man alles an der Kasse bezahlen und die **Tüten** selbst einpacken.

Lernfragen
Wovon ernährt sich Fatima hauptsächlich?
Was kauft sie wenig?
Wann sind die Supermärkte meistens nicht voll?

Vokabeln
Lebensmittel: groceries / food I **unterstützen:** to support I **das Ausland:** abroad / foreign country I **das Gemüse:** vegetable I **zum Glück:** fortunately I **ich kaufe heute für die ganze Woche:** today I buy for the whole week I **die Tüte:** bag / plastic bag

52. There is no parking
Es gibt keine Parkplätze

Deutschland ist ein Land der **Autofahrer**. Die meisten **besitzen** ein Auto, viele Familien haben eine Garage und mehrere Autos.

Viele Menschen im Ausland denken, die Deutschen Autos sind die Besten der **Welt**. Aber auch in Deutschland ist nicht alles perfekt. Die meisten Autofahrer in Deutschland wissen, dass es in den Städten nicht genügend **Parkplätze** gibt. Wer mit dem Auto in die Stadt fährt, muss meistens lange einen Parkplatz suchen.

In den **Innenstädten** gibt es gewöhnlich auch Parkhäuser, aber die können teuer sein. Besonders kompliziert ist das Problem der Parkplatzsuche für Anwohner oder Leute, die oft parken müssen. Um einen permanenten Parkplatz zu bekommen, müssen die Anwohner einen Anwohnerparkschein bei einer **Behörde** beantragen. Wer keinen hat und trotzdem parkt muss eine Strafe bezahlen.

Wer in Deutschland **unerlaubt** parkt, wird auch schnell abgeschleppt. Weil parken in Deutschland so kompliziert ist, fahren auch so viele Menschen mit dem Bus.

Lernfragen

Was wissen die meisten deutschen Autofahrer?

Was muss man machen um einen permanenten Parkplatz zu erhalten?

Warum fahren so viele Menschen mit dem Bus?

Vokabeln

der Autofahrer: car driver I **besitzen:** to own sth. I **die Welt:** world I **der Parkplatz:** parking / parking space I **die Innenstadt:** inner city / centre I **der Anwohner:** resident I **die Behörde:** agency / public authority I **unerlaubt:** unauthorized

53. We are moving
Wir ziehen um

Wir haben einen **Umzug** geplant, am Freitag ziehen wir um. Seit Wochen haben wir den Umzug **vorbereitet**. Alles musste in Kartons verpackt werden. Wir haben uns viele große und kleine **Kartons** gekauft und auch Listen **angefertigt**, welche Sachen in welchen Kartons verpackt sind. Für Freitag haben wir einen Transportwagen gemietet. Ein Freund **hilft** uns die Möbel ein und auszuladen. Den Transportwagen fahre ich selbst, zum Glück **bleiben** wir in derselben Stadt. Nach dem Umzug müssen wir noch die Lampen **anschließen** und die Möbel reinigen. Zum Schluss wird die alte Wohnung richtig sauber gemacht, damit wir unsere Kaution zurückbekommen.

Lernfragen
Was haben wir geplant?
Wann haben wir einen Transporter gemietet?
Was wird zu Schluss gemacht?

Vokabeln
der Umzug: move / relocation I **vorbereiten:** to prepare I **der Karton:** box I **anfertigen:** to produce / to fabricate I **helfen:** to help I **bleiben:** to remain I **anschliessen:** to connect

54. **At the circus**
Im Zirkus

Heute gehe ich mit meiner Mutter in den Zirkus. Die **Vorstellung** fängt um sechs Uhr an. Wir stellen uns in die Reihe, um Eintrittskarten **zu kaufen**. Wir **fragen** an der Kasse warum das Ticket so **teuer** ist. Der Kassierer erklärt uns, der Zirkus hat auch Tiger, und die müssen **jeden Tag frisches Fleisch** zum Fressen bekommen.

Endlich fängt die Vorstellung an. Zuerst sehen wir einen Clown, der viele **Witze** macht. Der Clown bringt viele kleine Kinder zum Lachen. Dann kommen die großen Tiere. Ein Elefant muss **ein Bein anheben**. Ein Affe wird mit einem Stock durch einen Käfig gejagt. Endlich kommen die großen Raubkatzen. Ein Tiger muss **durch einen brennenden Reifen springen.**

Ich frage meine Mutter, ob die Tiere das auch in der Natur machen. Meine Mutter sagt, sie weiß es nicht. Sie sagt auch, es ist wichtig, dass **die Zuschauer** sich amüsieren.

Lernfragen
Wann fängt die Vorstellung an?
Was bekommen die Tiger jeden Tag?
Was muss der Elefant machen?

Vokabeln

die Vorstellung: show / presentation I **zu kaufen:** to buy I **fragen:** to ask I **teuer:** expensive I **jeden Tag frisches Fleisch fressen:** eating meat every day I **ein Bein anheben:** to lift a leg I **durch einen brennenden Reifen springen:** to jump through a burning tire

55. Die Deutschprüfung
The German exam

Ich heiße Tom, komme aus Amerika und möchte in Deutschland studieren. Für die **Zulassung** auf eine deutsche Universität muss ich **genügend** Deutsch sprechen. Mit einer **Sprachprüfung** wie DSH oder TESTDAF kann ich meine Kenntnisse nachweisen. Aber wenn ich einen internationalen Studiengang studieren möchte, ist das keine **Voraussetzung**. Dann kann ich meine Deutschkenntnisse in einem Sprachkurs verbessern. **Zum Glück** spreche ich schon ein bisschen Deutsch.

Lernfragen
Was möchte Tom?
Womit kann er seine Kenntnisse nachweisen?
Wo kann er seine Deutschkenntnisse verbessern?

Vokabeln
die Zulassung: admission I **genügend:** sufficient I **Sprachprüfung:** language exam I **Voraussetzung:** requirement / condition I **zum Glück:** fortunately

56. Sightseeings
Sehenswürdigkeiten

In Deutschland gibt es viele **Sehenswürdigkeiten. Die beliebtesten Städte** für Touristen sind wohl Berlin, München, Heidelberg und Hamburg. Jede Region ist anders. Viele Ausländer mögen die deutsche Kultur. Die deutsche Küche ist bei vielen Urlaubern sehr beliebt. Ein sehr beliebtes **Reiseziel** ist auch das Oktoberfest in München Ende September. In Deutschland findet man Sachen, die auf der Welt **einmalig** sind. Die Autobahnen sind Straßen wo auf vielen Strecken sehr schnell gefahren wird. Es gibt auch viele **Schlösser und Burgen,** die viele Ausländer faszinierend finden. **Geschichte** wird in Deutschland von den Deutschen oft sehr ernst genommen.

Lernfragen
Wann findet das Oktoberfest statt?
Was finden viele Ausländer faszinierend?
Was wird in Deutschland ernst genommen?

Vokabeln
Sehenswürdigkeiten: places of interest I **die beliebtesten Städte:** the most popular cities I **einmalig:** unique I **Schlösser und Burgen:** palaces and castles I **die Geschichte:** history

57. Easter Festival
Das Osterfest

Das Osterfest ist in Deutschland häufig ein Fest für die ganze Familie. Am Abend bevor das Osterfest beginnt, wird **auf dem Lande** oft ein großes Osterfeuer entfacht. Dort treffen sich Freunde, Bekannte und Familien. Wenn **das Wetter** gut ist, wird auch **gegrillt** und Musik gespielt. Ostern ist in Deutschland eine alte Tradition.

Für die Kinder ist normalerweise der Ostermorgen am wichtigsten. Am Abend zuvor **malen** die Kinder **gekochte Eier** bunt an und verstecken sie dann im Haus und Garten. Am Ostermorgen müssen die anderen Kinder dann die Eier **suchen** und alle freuen sich, wenn die Eier gefunden werden. Aber nicht immer werden alle Eier gefunden. Noch Monate später kann es sein, dass es schlecht im Haus **riecht**. Der Geruch kommt von alten, nicht gefundenen **verrotteten** Eiern.

Lernfragen
Was ist für die Kinder am wichtigsten?
Wo verstecken die Kinder die Eier?
Woher kommt der Geruch?

Vokabeln
auf dem Lande: country side I **das Wetter:** weather I **grillen:** barbecue I **malen:** to paint I **gekochte Eier:** boiled eggs I **suchen:** to search / seek I **riechen:** to smell I **verrottet:** rotten

58. **Alcoholics**
Alkoholiker

Viele Menschen trinken heutzutage zu viel Alkohol. Es gibt viele Alkoholiker. Deshalb **sterben** viele Leute an Leberzirrhose. Wie **schädlich** ist Alkohol wirklich? Der Alkohol **beschädigt** viele Organe, besonders **das Gehirn, den Magen, und den Darm**. Es gibt viele Gründe warum jemand zum Alkoholiker werden kann. Psychologen haben **rausgefunden**, dass einer der **Hauptgründe**, warum jemand zur Flasche greift, Einsamkeit und Frustration ist. **Die Sucht** zu besiegen, kann sehr schwer sein. Es ist aber auch nicht unmöglich. Meistens kann man sich Unterstützung holen. **Ein Arzt kann auch mit einer Therapie helfen**. Eine besondere Rolle spielt die Unterstützung von Freunden und Familie.

Lernfragen
Woran sterben viele Alkoholiker?
Was haben Psychologen rausgefunden
Was kann sehr schwer sein?

Vokabeln

sterben: to die I **schädlich:** harmful I **beschädigen:** to damage I **das Gehirn:** brain I **Magen und Darm:** stomach and colon I **rausfinden:** to find out I **der Hauptgrund:** the main reason I **die Sucht:** addiction I **ein Arzt kann mit einer Therapie helfen:** a doctor can help with a therapy

59. Literature
Literatur

Seit einen Monat lese ich ein faszinierendes Buch von einem berühmten **Schriftsteller**. Das Buch ist ein Roman und handelt von einem alten Mann, der aufs **Meer** fährt, um dort zu fischen. Der alte Mann muss mit einem **mächtigen, großen Fisch** kämpfen. Am Ende gewinnt der alte Mann. Aber das Buch zeigt auch **einen tieferen Sinn**. Der Schriftsteller heißt Ernest Hemingway und das Buch wurde 1951 auf Kuba geschrieben.

Das Buch gehört zur Weltliteratur. Für dieses Werk wurde Hemingway der Nobelpreis für Literatur verliehen. **Ich möchte** in Zukunft noch mehr Bücher von diesem Schriftsteller lesen. Bücher finde ich sowieso besser als Filme.

Lernfragen
Wie heisst der Schriftsteller?
Womit muss der alte Mann kämpfen?
Was wurde dem Schriftsteller verliehen?

Vokabeln
der Schriftsteller: author I **das Meer:** sea / ocean I **mächtigen, großen Fisch:** mighty, big fish I **einen tieferen Sinn:** a deeper sense I **ich möchte**: I would like

60. Ordering in a German Restaurant
Im deutschen Restaurant bestellen

In Deutschland kann ein **Gast** einfach in ein Restaurant gehen, und sich dort hinsetzen wo ein Platz frei ist. In besseren Restaurants fragt man auch nach der **Speisekarte**.
Der **Kellner** trägt häufig ein weißes Hemd und **schreibt** sich die Bestellung auf einem Notizbuch auf.
Der Kellner: „Guten Abend. Haben Sie sich schon was **ausgesucht**?
Der Gast: „Ich nehme das Schnitzel und einen Salat".
Der Kellner: „Was möchten Sie trinken?"
Der Gast: „Ein Mineralwasser bitte".
Nach dem Essen sagt man dem Kellner: „Die **Rechnung** bitte".
Ein **Trinkgeld** ist in Deutschland freiwillig und steht nicht auf der Rechnung.

Lernfragen
Was trägt der Kellner?
Wonach fragt man in einem Restaurant?
Was ist in einem Restaurant freiwillig?

Vokabeln

der Gast: the guest I **die Speisekarte:** the menu I **der Kellner:** waiter I **schreiben:** to write I **aussuchen:** to select I **die Rechnung:** bill / check I **das Trinkgeld:** tip

61. New bills
Neue Rechnungen

Ich bin Studentin und leben in einer kleinen Wohnung. **Jeden Monat** muss ich **viele Rechnungen bezahlen**. Die Miete ist eine wichtige Rechnung. Die Miete kostet mich mehr als alles andere. Jeden Monat bezahle ich die Miete, die Wasserrechnung, mein Telefon und die **Stromrechnung**. Ich lasse die Rechnungen von meinem Konto abbuchen. Wenn mein Konto leer ist, **überweise** ich das **Geld. Verträge** muss mein einhalten. In Deutschland sind Verträge wichtig! Wer in Deutschland sich nicht an seine Verträge hält, bekommt **Schwierigkeiten**. In Deutschland ist es am Besten, Geschäfte ohne Verträge zu machen.

Lernfragen
Was kostet mich mehr als alles andere?
Wie bezahle ich meine Rechnungen?
Was mache ich, wenn mein Konto leer ist?

Vokabeln
jeden Monat: every month I **viele Rechnungen bezahlen:** to pay many bills I **die Stromrechnung:** electricity bill I **das Geld überweisen:** to wire the money I **der Vertrag:** contract I **Die Schwierigkeit:** problem / trouble

62. At the farmer's market
Auf dem Wochenmarkt

Beim Gemüsestand
Verkäufer: „Guten Morgen, was darf ich Ihnen **anbieten**?"
Ich: „Guten Morgen. Ich möchte 1 Kilo Tomaten und 2 Kilo Kartoffel."
Verkäufer: „Die Tomaten sind günstig. Das Kilo für 1 Euro."
Ich: „Sind die Tomaten auch **frisch**?"
Verkäufer: „Die Tomaten sind ganz frisch, sie **sind gerade gekommen**."
Ich: „Dann nehme ich 3 Kilo."
Verkäufer: „Darf es sonst noch was sein?"
Ich: „Verkaufen Sie auch Feigen?"
Verkäufer: „Nein, so etwas haben wir hier nicht."

Lernfragen
Was möchte ich kaufen?
Was ist heute günstig?
Welches Produkt wird nicht verkauft?

Vokabeln

auf dem Wochenmarkt: at the weekend market I **der Gemüsestand:** veg stall I **anbieten:** to offer I **frisch:** fresh I **gerade gekommen:** just arrived

63. **The child in the shower**
Das Kind in der Dusche

Wir sind eine Gruppe von Jungen und sind begeisterte Schwimmer. Die meisten von uns sind zwölf Jahre alt, nur Peter ist erst elf.

Jeden Freitag gehen wir ins **öffentliche Schwimmbad**. Zuerst gehen wir in die **Umkleidekabinen**. Dort ziehen wir uns um und schließen unsere Sachen in einen Schrank. Danach gehen wir duschen. Vor und nach dem Schwimmen muss man duschen, das ist in deutschen Schwimmbädern **Pflicht**. Das Duschen kann bei uns ziemlich lange dauern, denn wir machen in der Dusche gerne **Witze**. Im Schwimmbad angekommen, springen wir vom Bock und schwimmen uns warm. Wir fangen mit 1000 Meter **Brustschwimmen** an. Danach geht es normalerweise mit zwanzig Minuten Freistil weiter. Zum Schluss spielen wir Wasserball. Am Beckenrand steht immer **der Bademeister** und **beobachtet** uns.

Letzte Woche waren wir auch beim Schwimmen, aber wir haben hinterher nicht geduscht, denn ein fremdes Kind hatte in der Dusche seine Exkremente hinterlassen.

Lernfragen
Wie alt ist Peter?
Mit welchem Schwimmstil fangen wir an?
Wer beobachtet uns?

Vokabeln

das öffentliche Schwimmbad: public swimming pool I **die Umkleidekabine:** locker room / dressing room I **die Pflicht:** obligation I **der Witz:** joke I **der Bademeister:** pool attendant I **beobachten:** to observe

64. German Tourists
Deutsche Urlauber

Ich heiße Pepe, bin Spanier und lebe auf Mallorca. Am Wochenende zeige ich deutschen Touristen meine Stadt. **Ich spreche gut Deutsch**, denn vor zehn Jahren habe ich in Deutschland gearbeitet. Ich habe bei Volkswagen gearbeitet. Aber wegen meiner Familie bin ich nach Spanien **zurückgekehrt**. In Palma de Mallorca arbeite ich in der Woche als **Autoverkäufer**, und von Freitag bis Sonntag arbeite ich als Touristenführer. **Letztes Wochenende** hatte ich eine große Gruppe deutscher Rentner, denen ich die Stadt gezeigt habe. Ich erkläre den Touristen die Geschichte der Stadt. Am meisten interessieren sich die Leute für die Museen. Am Ende der Führung stellen mir die Leute auch **private Fragen**. Woher ich komme und warum ich so gut Deutsch spreche. Man muss immer **die richtige Antwort** haben. Das habe ich in Deutschland gelernt.

Lernfragen
Warum spricht Pepe so gut Deutsch?
Wofür interessieren sich die meisten Touristen?
Was hat Pepe in Deutschland gelernt?

Vokabeln

ich spreche gut Deutsch: I speak good German I **zurückkehren:** to return / come back I **der Autoverkäufer:** car salesperson I **letztes Wochenende:** last weekend I **private Fragen:** private question I **die richtige Anwort:** the right answer

65. Getting drunk
Sich betrinken

Ich halte es nicht mehr aus. **Meine Freundin hat mit mir Schluss gemacht.** Am Kiosk **um die Ecke** habe ich mir eine Flasche Wodka gekauft. Dazu noch eine Packung Zigaretten. Ich muss abschalten! Gestern sollte es **mein letztes Glas** gewesen sein. Aber das sage ich mir seit zwanzig Jahren. Ich brauche meinen Stoff, obwohl ich alles erreicht habe. Ich kann morgen sterben, aber es ist mir egal.

Ein letztes Glas noch, mein Geist und meine Seele wollen nur den Wodka, danach ist mir alles egal. Eigentlich **hasse** ich alles. Aber wir müssen überleben! Im Fernsehen wurde Weltuntergang angekündigt. Möge die Welt morgen untergehen. Aber unter uns, es gibt immer noch einen letzten Grund für die Flasche. Halleluja! Geh, aber geh mit Gott! Das ist mein letztes Wort. Prost! **Geh zur Hölle** oder wohin du willst!

Ich habe mir meinen Wecker auf sechs Uhr gestellt.

Lernfragen
Warum habe ich mich betrunken
Was ist mir egal?
Auf wieviel Uhr habe ich meinen Wecker gestellt?

Vokabeln
Meine Freundin hat mit mir Schluss gemacht: my

girlfriend broke up with me. I **um die Ecke:** around the corner I **mein letztes Glas** I my last drink / glass I **hassen:** to hate I **geh zur Hölle:** go to hell

66. Burglary
Der Einbruch

Ich habe die ganze Nacht **unruhig** geschlafen. Ich **schlafe** allein und plötzlich gibt es einen **Knall**. Ich **springe** aus dem Bett. Ich ziehe mir schnell eine Hose an und untersuche das Haus. Ich höre Schritte. Sie kommen aus dem Wohnzimmer. Als ich das Wohnzimmer betrete, ist es leer. Es ist **niemand** da. Jetzt **bemerke** ich, dass die Balkontür offen steht! Ich mache Licht und schaue mich um.

Die Schränke sind offen, und auf dem Boden liegen überall Sachen. Es waren **Einbrecher** hier! Ich fühle mich ganz schlecht. Aber schnell bemerke ich, dass nichts fehlt. Alles ist unordentlich, aber die Einbrecher haben nichts mitgenommen. Sie suchten Bargeld und **Schmuck!** Das waren Drogensüchtige, denn die klauen nur Bargeld. Ich habe keine Lust die Polizei zu rufen. Am nächsten Tag besorge ich mir **eine Waffe.**

Lernfragen
Woher kommen die Schritte?
Was steht offen?
Was mache ich am nächsten Tag?

67. **The broken cell phone**
Das kaputte Handy

Seit Tagen kann ich mein **Handy** nicht **aufladen**. Erst habe ich geglaubt es liegt am **Ladegerät**. Das kann aber nicht **der Grund** sein, denn das Ladegerät funktioniert auch mit anderen Handys. Zum Glück kenne ich ein Telefongeschäft, wo sie Handys reparieren. Ich muss das Telefon einen Tag dort lassen, damit es **untersucht** werden kann. Am nächsten Tag gehe ich wieder ins **Geschäft** um mein Telefon abzuholen.

Ich habe ein komisches Gefühl. Der Verkäufer zeigt mir mein Telefon. Sie haben es geöffnet. Alles scheint schwarz zu sein! Der Mann erklärt mir, das Telefon wurde durch einen **Kurzschluß** beschädigt. Die Reparatur würde zweihundert Euro kosten. Er sagt auch, das Telefon sei **nass** geworden, und dadurch ist es kaputtgegangen. Heute habe er ein Angebot für ein neues Telefon. Das neue Telefon kostet nur dreihundert Euro.

Ich habe **keine Wahl** und kaufe mir ein neues Handy. Ich werde nie wieder mein Handy in die Badewanne mitnehmen.

Lernfragen
Warum funktioniert das Handy nicht?
Was sagt der Verkäufer?
Was werde ich nie wieder tun?

Vokabeln

das Handy: mobile phone I **aufladen:** to charger I **das Ladegerät:** battery charger I **der Grund:** reason I **untersuchen**: to investigate I **das Geschäft:** business / store / shop I **der Kurzschluss:** short circuit / short-time overload I **nass:** wet I **keine Wahl:** no choice

68. The wedding
Die Hochzeit

Unsere Tochter **heiratet** heute. Für **die Hochzeitsfeier** haben wir ein Restaurant für einen Abend gemietet. Wir haben über hundert **Einladungen** verschickt. Wir schätzen es werden mindestens achtzig Gäste kommen. Nach der **Kirche** wird das Brautpaar mit einer schicken Limousine zum Restaurant gefahren. Zuerst werden alle Gäste begrüßt. Dann wird eine große **Torte** angeschnitten, und das Brautpaar probiert die Torte zuerst. Danach wird das Essen serviert. Wir haben fünf Gänge bestellt. Zum Schluss kommt eine Musikband und spielt Jazzmusik. Nach der Hochzeit fährt das Brautpaar in **die Flitterwochen.**

Lernfragen
Was haben wir gemietet?
Wie viele Gänge haben wir bestellt?
Wohin fliegt das Brautpaar?

Vokabeln
heiraten: to marry I **die Hochzeitsfeier:** wedding ceremony I **die Einladung:** invitation I **die Kirche:** church I **die Torte:** cake I **die Flitterwochen:** honeymoon

69. I can cook!
Ich kann kochen!

Mein Name ist Susanne und heute **zeige** ich euch, wie man Schnitzel macht. Ich mag am liebsten Schnitzel aus **Rindfleisch**, aber es gibt viele Leute, die auch sehr gerne **Schweinefleisch** essen.

Zuerst kaufe ich **dünne** Scheiben Rindfleisch. Die schlage ich mit der flachen Hand, bis sie richtig platt sind. Ich bestreue **beide Seiten** mit Salz und Pfeffer. Ich habe drei **Teller** vorbereitet. Auf dem ersten Teller habe ich **Mehl**. Auf dem zweiten Teller habe ich ein **geschlagenes Ei** und auf dem dritten Teller habe ich fertiges Paniermehl. Die Scheiben werden zuerst im Mehl paniert, danach ins geschlagene Ei gelegt und zum Schluss im Paniermehl gewendet. Das Fleisch wird von beiden Seiten 2 bis 3 Minuten in einer Pfanne gebraten.

Lernfragen
Was mag Susanne am liebsten?
Womit werden beide Seiten bestreut?
Was liegt auf den dritten Teller?

Vokabeln
zeigen: to show I **das Rindfleisch:** beef I **das Schweinefleisch:** pork I **dünn:** slim I **beide Seiten:** both sides I **der Teller:** plate I **das Mehl:** flour I **geschlagenes Ei:** battered egg

70. A small town
Eine Kleinstadt

Ich bin in Pinneberg **geboren** und in Hamburg **aufgewachsen**. Hamburg ist die zweitgrößte Stadt Deutschlands. Pinneberg ist eine **Kleinstadt** außerhalb von Hamburg.

Hamburg ist eine sehr hübsche Stadt. Hamburg hat einen großen **Hafen** und ist bekannt für die schöne **Altstadt**. Die meisten Touristen kennen auch die Reeperbahn.

Kleinstädte sind charmant, aber für ein Studium ist ein **Großstadt** wie Hamburg einfach besser. In Hamburg studieren tausende von Studenten. Sie kommen aus der ganzen Welt. Ich freue mich schon auf mein Studium.

Lernfragen
Wodurch ist Hamburg bekannt?
Wie heisst die zweitgrößte Stadt Deutschlands?
Wo bin ich geboren?

Vokabeln
geboren: born I **aufwachsen:** raised I **die Kleinstadt:** small town I **die Großstadt:** big city I **die Altstadt:** old town I **der Hafen:** port / harbor

71. Contracts
Verträge

Ich bin Studentin und leben in einer kleinen Wohnung. **Jeden Monat** muss ich **viele Rechnungen bezahlen**. Die Miete ist eine wichtige Rechnung. Die Miete kostet mich mehr als alles andere. Jeden Monat bezahle ich die Miete, die Wasserrechnung, mein Telefon und die **Stromrechnung**. Ich lasse die Rechnungen von meinem Konto abbuchen. Wenn mein Konto leer ist, **überweise** ich das **Geld**. **Verträge** muss mein einhalten. In Deutschland sind Verträge wichtig! Wer in Deutschland sich nicht an seine Verträge hält, bekommt **Schwierigkeiten**. In Deutschland ist es am Besten, Geschäfte ohne Verträge zu machen.

Lernfragen
Was kostet mich mehr als alles andere?
Wie bezahle ich meine Rechnungen?
Was mache ich, wenn mein Konto leer ist?

Vokabeln
jeden Monat: every month I **viele Rechnungen bezahlen:** to pay many bills I **die Stromrechnung:** electricity bill I **das Geld überweisen:** to wire the money I **der Vertrag:** contract I **Die Schwierigkeit:** problem / trouble

72. New Years Eve
Silvester

Silvester ist in Deutschland immer die Nacht zum 31. Januar. Die meisten Leute feiern Silvester mit Freunden und der Familie. Um **Mitternacht** gibt es immer ein Feuerwerk. Die meisten Familien bereiten auch **ein besonderes Essen** vor. Ein typisches Silvester-Essen ist **Karpfen**, Gans, oder Hotdogs. Die Deutschen **lieben** auch Kartoffelsalat. Oft wird Silvester viel Alkohol getrunken. Die meisten Leute gehen auch auf Partys, einige gehen sogar tanzen! Am 1. Januar ist in Deutschland ein **Feiertag**. Dann haben fast alle Geschäft geschlossen. Der 2. Januar ist wieder ein normaler Arbeitstag.

Lernfragen

Was gibt es um Mitternacht?
Was wird Silvester oft gemacht?
Wann ist nach Silvester in Deutschland ein Feiertag

Vokabeln

Silvester: New Years Eve I **Mitternacht:** midnight I **ein besonderes Essen:** a special meal I **der Karpfen:** trout I **lieben:** to love I **der Feiertag:** holiday

73. **The bicycle tour**
Die Fahrradtour

Wir sind zwei fünfzehnjährige Jungen und **begeisterte Fahrradfahrer. Jedes Wochenende** fahren mein Freund und ich mit unseren Fahrrädern in **die Umgebung**. Wir wollen sportlich sein und fit bleiben und nehmen uns deshalb weite Strecken vor. Wir sind von morgens bis abends mit dem Fahrrad unterwegs. Normalerweise schaffen wir ungefähr fünfzig Kilometer am Tag. Meistens fahren wir auf Fahrradwegen, aber auf dem Lande **nehmen wir die Straße.** Bei uns gibt es nicht viele **Berge**, aber wir fahren gern schnell und machen wenig Pausen. Wir haben solide und gut ausgestattete Fahrräder. Jedes Fahrrad hat vorne und hinten Licht, **Bremsen** und eine Klingel. Außerdem tragen wir beiden einen Helm und ein farbiges Trikot. Für mich ist es Sport, aber mein Freund denkt schon daran, eines Tages professioneller Fahrradfahrer zu werden. Er **träumt** schon von der Tour de France..

Lernfragen
Wo fahren wir am Wochenende hin?
Was gibt es bei uns nicht viel?
Wovon träumt mein Freund?

Vokabeln

begeisterter Fahrradfahrer: enthusiastic cyclist I **jedes Wochenende:** every weekend I **die Umgebung:** surroundings I **wir nehmen die Straße:** we take the road I **die Berge:** mountains I **die Bremsen:** brakes I **träumen:** to dream

74. Headache
Kopfschmerzen

Frau Meyer hat starke **Kopfschmerzen**. Der Arzt untersucht ihre Schulter. Der Arzt verschreibt der Frau **Tabletten**, die sie jeden Tag einnehmen muss. **Außerdem** gibt der Arzt der Frau eine Liste mit Aktivitäten. Sie soll regelmäßig Yoga und Meditation machen. Der Arzt sagt, die Kopfschmerzen kommen vom Stress.

Die Frau macht die Aktivitäten für mehrere Tage, aber die Kopfschmerzen gehen nicht weg. Nach einer Woche geht sie wieder zum Arzt.

„**Fühlen** Sie sich **besser**?", fragt der Arzt.

Sie sagt nein. Sie erklärt dem Arzt, sie bekommt immer Kopfschmerzen, wenn sie **nervös** ist.

„Schlafen Sie genug?", fragt er. Sie weiß es nicht.

Nach einer weiteren Untersuchung verschreibt ihr der Arzt Tabletten gegen Nervosität, Tabletten gegen Stress und Valium zum Schlafen. Zu Hause hat Frau Meier einen Karton voller Tabletten.

Lernfragen

Was untersucht der Arzt?
Wann geht die Frau wieder zum Arzt?
Wann bekommt die Frau Kopfschmerzen?

Vokabeln

die Kopfschmerzen: headache I **verschreiben:** to prescribe so. /sth. I **die Tablette:** pill / tablet / pellet I **außerdem:** besides I **sich besser fühlen:** to feel better I **nervös:** nervous / edgy

75. **Oncoming traffic**
Gegenverkehr

Letzte Woche fuhr ich mit dem Fahrrad zur Universität. Auf der Straße gab es zwei **Fahrradwege**. Auf der **gegenüberliegenden** Seite fuhr ein junges Mädchen. Sie sah sehr hübsch aus. Sie fuhr mit mir parallel in eine **Richtung**.
Plötzlich hielt sie an, und schrie. „Du fährst auf der falschen Seite!"
Wir hielten beide an. Sie **kam näher**. „Kennst du die Verkehrsregeln nicht?", fragte sie mich.
Ich sagte: „Ich wollte nur **Zeit sparen**".
Sie erwiderte: „Du sparst keine Zeit, wenn du jemanden **verletzt**. Ein **Unfall** könnte dein Fahrrad beschädigen. Du könntest im Krankenhaus landen! Das alles kostet Zeit. Täglich passieren Unfälle, weil die Leute keine Zeit haben! Willst du auch verletzt werden?"
Ich fragte sie daraufhin: „Bist du verheiratet?"

Lernfragen
Was gab es auf der Straße?
Wo fuhr das Mädchen ihr Fahrrad?
Was sagte ich zuerst?

Vokabeln

der Fahrradweg: cycle track I **gegenüberliegend:** opposite / opposed I **die Richtung:** direction I **näher kommer:** to come closer I **Zeit sparen**: to save time I **der Unfall:** accident

76. **Do old people smell?**
Riechen alte Leute?

In der Schule fragt Sandra ihre **Klassenkameraden**: „Stimmt es eigentlich, daß alte Leute anders **riechen**?"
Ihre Freundin Gabi antwortet: „Na klar, die riechen alle verrottet."
Jürgen lacht. „Nein verrotten tun nur **die Toten**. Alte Menschen sind noch nicht tot. Die leben noch."
Gabi kichert. „Na gut. Dann **nennen** wir sie eben **reif**. Mir ist es aber egal wie wir alte Leute bezeichnen. Ich möchte nur nicht in deren Nähe sein."
Jürgen hebt die Hand. „Wartet mal. Ich habe mal ein Experiment auf YouTube gesehen. Es zeigt, dass alte Leute gar nicht anders riechen. **Wissenschaftler** haben eine Gruppe von alten Leuten **in Hemden** schlafen lassen. Dann haben sie Leute im mittleren Alter in Hemden schlafen lassen. Danach kamen die **jungen Leute** dran. Jede Person musste im selben Hemd fünf Nächte schlafen, und die Hemden wurden nicht gewaschen. Sie haben **Freiwillige** gefragt, an den Hemden zu riechen. Die Freiwilligen haben gesagt, daß die Hemden der alten Leute am Besten riechen."
„Was waren das denn für Freiwillige, die an alten Hemden riechen wollen?", fragt Sandra.
Jürgen: „Das waren natürlich Rentner."

Lernfragen
Warum lacht Jürgen?

Wieviele Nächte musste die Gruppe im im Hemd schlafen?
Was haben die Freiwilligen gesagt?

Vokabeln

der Klassenkamerad: class mate I **riechen**: to smell I **die Toten:** the death I **nennen:** to call I **reif:** mature I **heben:** to raise I **der Wissenschaftler:** scientist I **das Hemd:** shirt I **junge Leute:** young people I **der Freiwillige**: volunteer

77. Our last hope - The neighbor
Unsere letzte Hoffnung- Der Nachbar

Meine Mutter und ich beobachten unseren neuen Nachbarn. Jeden Morgen um acht Uhr verlässt er sein Haus. Wir beobachten ihn vom Küchenfenster. Der Mann ist jung, und hat einen Anzug an. Er trägt auch eine Krawatte. Es sieht sehr elegant aus. Wir glauben er ist ein Mann mit Klasse. Es kommt und geht pünktlich.

Meine Mutter hat auch viele Freunde. Oft lud sie fremde Männer ins Haus ein. Die Männer sind sehr freundlich und geben meiner Mutter häufig Geschenke. Wenn die Männer wieder verschwinden, gehen wir einkaufen. Eines Tages treffen wir den neuen Nachbarn im Supermarkt. Meine Mutter lächelt den Mann an. Sie kommen ins Gespräch. Der Nachbar kommt zu uns ins Haus und verbringt Zeit mit meiner Mutter. Einen Monat später sagt meine Mutter: „Wir ziehen um. Wir leben in Zukunft bei Hans, unseren Nachbarn. Wir werden mit ihm zusammenleben."

Lernfragen
Von wo aus beobachten wir unseren Nachbarn?
Was trägt der Mann?
Wie heisst der Mann?

Vokabeln

verlassen: to leave I **das Küchenfenster:** kitchen window I **die Krawatte:** tie / necktie I **einladen:** to invite I **das Geschenk:** gift / present I **das Gespräch:** conversation I **zusammenleben**: to live together

78. Growing pains
Steigende Beschwerden

Mein Bruder Markus fühlt sich ganz schlecht. Seit gestern liegt er im Bett. Seine Beschwerde sind Übelkeit, Kopfschmerzen, Husten und Durchfall. Außerdem fühlt er sich vollkommen erschöpft und müde. Mein Vater fährt meinem Bruder zum Arzt. Der Vater erklärt die Beschwerden dem Arzt und der Arzt untersucht Markus. Der Arzt findet heraus, dass Markus eine eine Lebensmittelvergiftung hat. Das ist ganz gefährlich! Der Arzt sagt außerdem, dass Markus im Bett bleiben und Medikamente einnehmen muss. Zweimal täglich muss er eine Tablette einnehmen. Mein Bruder glaubt, seine Lebensmittelvergiftung komme von einem Döner, den er den Tag zuvor gegessen hatte.

Lernfragen
Seit wann liegt Markus im Bett?
Was findet der Arzt heraus?
Was muss Markus einnehmen?

Vokabeln
er fühlt sich schlecht: he feels bad I **die Übelkeit:** nausea I **der Husten:** cough I **die Beschwerden:** pain / trouble I **die Lebensmittelvergiftung:** food poisoning I **gefährlich:** dangerous I **zweimal täglich:** twice a day I **den Tag zuvor:** the day before

79. German culture
Deutsche Kultur

Ich sitze mit mehreren Studenten in einem Café.
Wir haben ein internationales **Treffen**. Amerikaner, Franzosen und Deutsche sitzen an einem **Tisch** und diskutieren.
Der Amerikaner fragt: „Was ist eigentlich Deutsche Kultur?"
Ich sage darauf: "**Das kann Vieles sein**. Deutsche Literatur, Theater, Kunst oder auch die Art wie wir sprechen."
„Gehört auch Benehmen dazu?", fragt der Amerikaner.
„Benehmen im Allgemeinen schon", sagt der Franzose.
"Wenn ich mich **benehme**, bin ich kultiviert", sagt der Amerikaner lächelnd.
„Mehr oder weniger."
„Kann man in Deutschland auch sagen, ich habe Kultur, und du nicht?", fragt der Franzose.
„Nein, das wäre arrogant", **behaupte** ich.

Lernfragen
Wie viele Nationalitäten sitzen am Tisch?
Gehört Benehmen zur Kultur?
Was darf man in Deutschland nicht sagen?

Vokabeln
das Treffen: meeting I **der Tisch:** table I **das kann Vieles**

sein: this can be anything I **benehmen:** behaviour / conduct I **behaupten:** to claim

80. The Towtruck
Der Abschleppwagen

Heute habe ich **Verspätung**. Ich muss ganz schnell **zur Arbeit fahren**. Ich **springe** ins Auto und fahre los. Als ich auf der Autobahn bin, bin ich mir nicht sicher, ob ich meinen Haustürschlüssel mitgenommen habe. Ich fasse in meine **Tasche**. „Mein Gott! Ich habe meinen **Schlüssel** vergessen", sage ich laut.

Ich **kehre um** und fahre zurück. Ich halte direkt vor der Tür. Dort darf man normalerweise nicht parken. Ich wohne im siebten Stock und renne **die Treppen** hoch. In meiner Wohnung suche ich nach meinem Schlüssel. Nach zehn Minuten habe ich endlich den Schlüssel gefunden. Ich hatte den Schlüssel in einer Jacke **vergessen**!

Ich renne zurück zum Auto. Ich schaue mich um. *Wo ist mein Auto geblieben?*

Lernfragen
Was sage ich laut?
Warum kehre ich um?
Wo suche ich nach meinem Schlüssel?

Vokabeln
die Verspätung: delay / lateness I **zur Arbeit fahren:** to drive to work I **springen:** to jump I **die Tasche:** bag I **der Schlüssel:** key I **umkehren:** to turn around / to turn back / return I **die Treppe:** stairs I **vergessen:** to forget

German Short Stories for Intermediate Students

81. The client in the sauna
Der Kunde in der Sauna

Herr Schmidt ist ein **Geschäftsmann**. Er hat einen kleinen **Imbiss** in einem Bahnhof, dort verkauft er frittierte Schnitzel und **Pommes**.
Mr. Schmidt is a businessman. He owns a small restaurant at a railway station where he sells schnitzel and fries.
Er hat viele **Stammgäste**, die meisten Kunden **mögen** seine Gerichte.
Nach **Feierabend** geht er **häufig** in eine Sauna um sich auszuruhen und zu entspannen.
He has a lot of regular guests because most of the customers like his food.
In the after-work hours he frequently goes to a spa to calm down and relax
Vor einiger Zeit ging Herr Schmidt wieder in die Sauna. **Eigentlich** ist es eine typische Saunalandschaft, wie man sie häufig in vielen in Städten findet. Sie sind **eingerichtet** mit mehreren Saunen und Schwimmbad
Some time ago Mr. Schmidt went again to the sauna. Actually, it is a typical spa facility as they can be found in many German cities. They are furnished with several saunas and a swimming pool.
An diesem Tag schien die Temperatur in der Kräuter-Sauna **besonders** hoch. Herr Schmidt saß schon in der Sauna auf der Bank, als die Tür aufging. Ein Mann kam herein. Herr Schmidt **erkannte** den Mann sofort. Er war ein **Kunde**. Allerdings mochte er den Kunden nicht. Der Kunde hatte ihn einst **denunziert**, weil er meinte, der

Imbiss sei **dreckig**.

That day the temperature of the herbal sauna seemed to be especially high. Mr. Schmidt had already been inside the sauna and sweating on the sauna bench when the door opened. A man came in. Mr. Schmidt recognised the man immediately. It was a customer. However, he didn't like this customer. Once the customer had denounced him because he thought the restaurant was dirty.

Auch der andere Mann erkannte Herrn Schmidt.
Der Mann lächelte: "Guten Abend Herr Schmidt, wie geht es Ihnen?"
"**Alles in Ordnung**, vielen Dank."
"Schwitzen reinigt den Körper", sagte der Mann.

The other man also recognized Mr. Schmidt.
The man smiled: "Good evening, Mr. Schmidt how are you?"
"Everything is fine, thank you."
"Sweating cleans the body", said the man.

Herr Schmidt hatte genug für heute und verließ die Sauna. Er ging **duschen**. Diesmal duschte Herr Schmidt lange, denn er ärgerte sich über den Mann. Nach dem Duschen ging Herr Schmidt in die **Umkleidekabine**, einen großen Raum mit vielen Schränken.

Mr. Schmidt had enough for the day and left the sauna. He went for a shower. This time Mr. Schmidt took a long shower, because he had gotten annoyed by the man. After the shower Mr. Schmidt went into the changing room, a big room with lots of lockers

An einem Haken hingen **die Handtücher**. Herr Schmidt trocknete sich ab, das Handtuch war nass, aber er fühlte sich jetzt besser. Langsam verliess Herr Schmidt die

Saunalandschaft. Draussen vor dem Ausgang, traf er den Kunde, den er in der Sauna traf. Er stand vor der Tür.

The towels were hanging on a hook. Mr. Schmidt towelled himself, the towel was wet, but he felt better now. Mr. Schmidt slowly the sauna area. At the exit he met the client again. He was standing at the door.

Der Mann schaute Herrn Schmidt an und lächelte: Entschuldigen Sie, aber sie haben mein Handtuch **benutzt und mitgenommen!"**

Herr Schmidt schüttele den Kopf. "Nein, das glaube ich nicht."

"Schauen Sie bitte in ihre Tasche", sagte der Mann.

Herr Schmidt öffnete seine Tasche und zog ein Handtuch heraus.

The man looked at Mr. Schmidt and smiled: "Excuse me, but you have used and taken my towel!"

Mr. Schmidt shook his head. "No, I don't think so."

"Please have a look in your bag", said the man.

Mr. Schmidt opened his bag and pulled a towel out.

Der andere Mann lächelte immer noch. "Schauen Sie hier, dort **in der Ecke** des Handtuches sind Buchstaben mit schwarzer Schrift markiert.

"A.H.", fragte Herr Schmidt.

"Das bin ich", sagte der Mann.

Herr Schmidt gab das Handtuch zurück. Danach ging er nie wieder in die Sauna.

The other man still smiled. "Look here, in the corner of the towel I have written some letters with a black marker.

"A.H.", asked Mr. Schmidt.

"That's me", said the man.

Mr. Schmidt gave the towel back. Afterwards he never went back to the sauna.

Zusammenfassung

Herr Schmidt besucht eine Sauna und trifft dort einen Kunden. Herr Schmidt mag den Kunden nicht, weil dieser ihn vormals denunziert hatte. Unbewusst trocknet sich Herr Schmidt mit dem Handtuch des Kunden ab und nimmt das Handtuch mit, wird aber am Ausgang vom Kunden abgefangen und nach dem Handtuch befragt.

Vokabeln

der Geschäftsmann | *businessman*
der Imbiss | *small restaurant*
die Pommes | *chips / fries*
die Stammgäste | *regular guests*
mögen | *to like something*
der Feierabend | *after-work hours*
häufig | *frequent / frequently*
eigentlich | *actually*
eingerichtet | *furnished*
denunziert/ denunzieren | *to denounce someone*
besonders | *especially*
erkannte (erkennen) | *recognized*
ein Kunde | *a customer*
dreckig | *dirty*
alles in Ordnung | *everything is okay*
duschen | *to shower*
die Handtücher | *towels*
draußen | *outside*
in der Ecke | *in the corner*
benutzt und mitgenommen | *used and took it*

**Beantworte die folgenden Fragen im Auswahlverfahren.
Nur eine Antwort je Frage ist richtig**

1. Was für eine Art Geschäft hat Herr Schmidt?
a) Eine Sauna
b) Er verkauft Autos
c) Er verkauft Handtücher
d) Er hat einen Imbiss

2. Was macht Herr Schmidt häufig nach Feierabend?
a) Er geht in eine Sauna
b) Er geht ins Kino
c) Er besucht seine Freundin
d) Er geht Essen

3. Warum hat der Kunde Herrn Schmidt denunziert?
a) Der Kunde mochte das Essen im Imbiss nicht
b) Der Kunde fand, der Imbiss ist dreckig
c) Herr Schmidt schwitzt immer in der Sauna
d) Der Kunde findet Herrn Schmidt dreckig

4. Nach der Sauna beschuldigt der Kunde Herrn Schmidt:
a) Herr Schmidt hat in der Sauna zu sehr geschwitzt
b) Herr Schmidt hat nicht "Guten Abend" gesagt
c) Herr Schmidt hat sein Handtuch benutzt und mitgenommen
d) Herr Schmidt hat nach der Sauna nicht geduscht

Lösung aus Kurzgeschichte 1
1 d
2 a
3 b
4 c

82. A different opinion
Eine andere Meinung

Ingo und seine Schwester Stefanie leben in einer kleinen katholischen Stadt in Süddeutschland. Ingo ist zwölf Jahre alt, Stefanie ein Jahr jünger. Beide sind intelligente Kinder und auch sehr modern. Sie lieben es im Internet zu spielen und sind beide auch begeisterte Videospieler. Ihre Eltern sind Pädagogen, ihr Vater arbeitet im Krankenhaus, die Mutter ist selbständig und hat eine kleine psychiatrische Praxis. Es ist Weihnachtszeit, aus den Geschäften und Supermärkten dröhnen schon Weihnachtslieder.

Ingo and his sister Stefanie are living in a little Catholic town in South Germany. Ingo is twelve years old Stefanie is one year younger. They are both intelligent children and also very modern. They love to play on the internet and are passionate video gamers. Their parents are both educationists, their father works in the hospital and the mother is independent and has her own small psychiatric office. It is Christmas time and Christmas songs are blasting out of the shops and supermarkets.

Obwohl konservativ **erzogen**, haben die Geschwister überhaupt **keine Lust** auf Weihnachten. In den letzten Jahren, wenn entfernte **Verwandte** zu Besuch kamen, gab es häufig **Streit**. Letztes Wochenende, an einem katholischen Feiertag, kam ein Kollege des Vaters zu Besuch. Irgendwie kam es zu einer Auseinandersetzung. Anscheinend ging es um Kirchen oder Religion.

Although the siblings are conservatively educated they don't like Christmas. In the last years, when

distant relatives visited them, there were a lot of arguments. Last weekend, on a Catholic holiday a colleague of their father came to visit. Nevertheless, a dispute started. Apparently it was about church or religion.

Die Geschwister fanden heraus, dass ihre Eltern **die Absicht** hatten, zur Weihnachtsmesse in die Kirche zu gehen. Eine ungewohnte Situation, denn normalerweise gehen die Eltern nie in die Kirche, außer eben Weihnachten. Die Mutter ist aber der **Meinung**, in einer kleinen Stadt wird viel geredet, man **passt** sich besser **an** und zeigt sich in der Kirche. Damit bezeugt man auch, dass man ein guter Mensch ist. Stefanie und Ingo sind da aber ganz anderer Meinung.

The siblings found out that their parents had the intention to go to the Christmas service in the church. An unfamiliar situation, because usually the parents never go to church, except Christmas. However, their mother's opinion is that in a small town there is always a lot of talk and it would be better to adapt and to show up at church. Furthermore, it would show that she's a good person. Stefanie and Ingo have a different opinion.

Weihnachten möchten die Geschwister zu Hause bleiben. Am Liebsten möchte Ingo an einem Live-Spiel im Internet teilnehmen, und Stefanie hat Verpflichtungen auf Facebook. Es kommt zum Eklat, die Eltern beschuldigten die Kinder **faul** zu sein und kein **Benehmen** zu haben.

Nach dem Streit beraten sich die Eltern. Was sollen sie tun? Die Mutter hat eine Idee. Warum sich nicht mit anderen Psychiatern in der Praxis **treffen**, und mit Kollegen darüber sprechen?

At Christmas the siblings want to stay at home. Ingo

preferably wants to participate at a live game on the internet and Stefanie is busy on Facebook. A dispute arises; the parents blame the children to be badly educated and not to have manners. After a discussion the parents have a talk. What shall they do? The mother has an idea. Why shouldn't they meet other psychiatrists at the office and talk with their colleagues?

Die Eltern führen Telefonate und am Abend trifft sich eine kleine Gruppe von Pädagogen und Psychiatern zum Meinungsaustausch in der Praxis. Ingo und Stefanie sind überrascht, als ihre Eltern nach der Rückkehr vom Treffen ihnen mitteilen, sie bräuchten Weihnachten nicht in die Kirche gehen. Stefanie möchte wissen, warum die Eltern ihre Meinung geändert haben. Die Mutter antwortet, die Kollegen hätten sie analysiert, und es hatte **sich herausgestellt**, dass sie beide nur ein kleines bisschen krank sind, denn ihre Eltern seien nur ein bisschen religiös, und Religion sei schließlich eine Art von **Gehirnkrankheit**.

The parents make some calls and in the evening a small group of pedagogues and psychiatrists meet for an exchange of opinions at the office.

Ingo and Stefanie are surprised as their parents return from the meeting and explain that they don't have to go to church at Christmas. Stefanie wants to know why the parents have changed their mind. The mother answers that the colleagues had analyzed them and it turned out that both parents were a little sick because they are just a little religious and religion after all is a type of brain disease.

Zusammenfassung

Die Eltern sind Psychologen. Die Kinder möchten Weihnachten nicht in die Kirche. Es kommt zum Streit. Die Eltern beraten sich mit Psychiatern und finden heraus, dass sie beide nicht religiös sind. Die Kinder können Weihnachten zu Hause bleiben.

Vokabeln
die Schwester I *sister*
zu spielen I *to play*
der Pädagoge I *educationist*
das Krankenhaus I *hospital*
selbständig I *independent*
die Weihnachtszeit I *Christmas time*
die Weihnachtslieder I *Christmas songs*
der Heiligabend I *Christmas Eve*
die Verwandten I *relatives*
erzogen I *educated*
keine Lust I *don't feel like it*
der Streit I *argument*
die Meinung I *opinion*
die Geschwister I *siblings*
die Absicht I *intention*
passt an / anpassen I *to adapt*
das Benehmen I *manners*
sich herausgestellt I *it turned out that*
die Gehirnkrankheit I *brain disease*

Beantworte die folgenden Fragen im Auswahlverfahren. Nur eine Antwort je Frage ist richtig

1. Die Geschwister Ingo und Stefani leben:
a) bei ihren Großeltern
b) in einer kleinen katholischen Stadt
c) im selben Haus in Berlin
d) in verschiedenen Wohnungen

2. Die Mutter hat folgenden Beruf:
a) Sie ist Lehrerin
b) Sie hat keinen Beruf und sie ist arbeitslos
c) Sie ist selbständig und hat eine Praxis
d) Sie arbeitet im Krankenhaus

3. Wie oft gehen die Eltern in die Kirche?
a) Sie gehen jeden Sonntag in die Kirche
b) Sie gehen dreimal pro Jahr in die Kirche
c) Sie gehen nie in die Kirche, außer Weihnachten

4. Was möchten die Geschwister Weihnachten machen?
a) Sie möchten zu Hause bleiben
b) Sie möchten in die Kirche gehen
c) Sie möchten verreisen
d) Sie möchten Freunde besuchen

Lösungen aus Kurzgeschichte 2
1b
2c
3d
4a

83. A special crowdfunding project
Ein besonderes Crowdfunding Projekt

Melinda hatte schon seit Jahren vor, sich eine neue Küche **anzuschaffen**. Das Problem lag darin, dass sie noch bei ihren Eltern wohnte, genau genommen im **Dachgeschoss**.

Dort gab es eine kleine **Kochnische**, ähnlich wie in einem Hotel, ausgestattet mit Mikrowelle und Kaffeemaschine. Melinda hatte schon immer gerne in Kochbüchern **gestöbert**, auch hatte sie sich schon hunderte von Kochrezepten online heruntergeladen und sie war auch eine gute Köchin.

For years, Melinda had been planning to acquire a new kitchen. The problem was that she was still living at her parent's home, strictly speaking in the attic. There was a little kitchenette similar like in an old hotel equipped with a microwave oven and a coffee machine. Melinda had always loved to rummage in cookbooks and had already downloaded hundreds of recipes online and she was also a good cook

Ihre Eltern hatten für moderne Küchen nicht viel übrig. Wozu auch? Zum Essen gab es immer Deutsche **Hausmannskost**, die wie üblich bestehend aus Kartoffeln, Bohnen, Wurst und groben Zutaten bestand.

Da Melinda schon Anfang dreißig war, **erwartete ihre Familie**, dass sie endlich einen festen deutschen Partner findet, heiratet und eine Familie gründet. Es gab nur ein Problem für Melinda.

Sie hatte keine Arbeit, und wie überall, Arbeitslosigkeit macht das Leben kompliziert.

Her parents weren't interested in modern kitchens. They always ate American plain meals that usually consisted of fries, beans, sausages, and other coarse ingredients.

Melinda was already thirty years old and her family expected that she finally found a partner, married, and founded a family. But there was a problem for Melinda. She didn't have work and as anywhere unemployment makes life difficult.

Arbeit oder nicht, eine Küche musste her! Sechshundert Euro hatte sie gespart. Um die Ecke gab es einen großen **Baumarkt** der montags immer **Angebote** für Küchen hatte. Aber das war nicht alles. Baumärkte sind in Deutschland Plätze, wo man häufig Nachbarn und Freunde traf.

Am Montagmorgen stand Melinda vor dem **Haupteingang** und wartete.

With or without work she needed that kitchen! She had saved six hundred Euros. Around the corner was a huge home center which always had discounts for kitchens on Mondays. But that wasn't all. Hardware stores just like supermarkets, can be places where you can often meet neighbours and friends.

On a Monday morning Melinda stood in front of the main entrance and waited

Und tatsächlich, nach schon zwanzig Minuten kam die erste Nachbarin. Melinda zögerte nicht. Sie sagte der älteren Dame, sie müsse unbedingt einen **Schnellkochtopf** kaufen, der alte sei gerade **kaputtgegangen** und jetzt fehlen ihr noch dreißig Euro für einen neuen Topf. Nach einer weiteren Minute

Unterhaltung gab die Dame ihr das Geld.

Es klappte wunderbar, Melinda traf noch ein halbes Dutzend **Nachbarn und Bekannte** und gegen Mittag hatte sie das Geld für die neue Küche zusammen.

Indeed, after twenty minutes the first neighbour came. Melinda didn't hesitate. She told the old woman that she urgently needed to buy a pressure cooker because the old one was broken and she needed thirty Euros for a new cooker. After a short while the woman gave her the money. It perfectly worked; Melinda met half a dozen neighbours and acquaintances and around midday she had enough money for the new kitchen.

Zusammenfassung

Melinda wohnt noch bei ihren Eltern im Dachgeschoss und braucht eine neue Küche. Da sie arbeitslos ist, hat sie kein Geld sich eine zu kaufen. Melinda braucht Hilfe. Sie geht zum Baumarkt und sagt fremden Leuten, sie brauche heute noch einen neuen Schnellkochtopf, und es fehlt nur noch ein bisschen Geld. Viele Leute schenken ihr Geld.

Vokabeln

anschaffen I *to acquire something*
das Dachgeschoss I *attic*
die Kochnische I *kitchenette*
gestöbert / stöbern I *to rummage*
die Angebote I *specials/discounts*
die Hausmannskost I *plain meals*
..erwartete ihre Familie I *..did her family expect*
die Arbeitslosigkeit I *unemployment*
der Baumarkt I *home center*
der Haupteingang I *main entrance*
der Schnellkochtopf I *pressure cooker*

kaputtgegangen / kaputtgehen | *to get broken / got broken*
Nachbarn und Bekannte | *neighbors and acquaintances*

**Beantworte die folgenden Fragen im Auswahlverfahren.
Nur eine Antwort je Frage ist richtig**

1. Was gab es im Dachgeschoss?
a) Eine Toilette
b) Eine Kochnische
c) Eine neue Küche
d) Alte Kochbücher

2. Was konnte man montags immer im Baumarkt finden?
a) Neue Küchen b) Nachbarn und Freunde
c) Angebote für Küchen
d) Musik

3. Was sagte Melinda, als sie vor dem Baumarkt stand?
a) Sie braucht eine neue Küche
b) Sie will heiraten
c) Sie ist arbeitslos
d) Sie braucht einen neuen Schnellkochtopf

4. Wann hatte Melinda das Geld für eine neue Küche zusammen?
a) Gegen Mittag
b) Gegen Abend
c) Am nächsten Tag
d) Nach einer Stunde

Lösung aus Kurzgeschichte 3
1 b   2 c   3 d   4 a

84. From Russia with love
Mit Liebe aus Russland

Viele Leute im Dorf glaubten, Angela kommt aus Berlin, Deutschlands Hauptstadt. Die Leute sagten auch, sie spreche mit Akzent und viele ältere Leute sagten sogar, sie komme wohl aus Rumänien.

The people in the village thought that Angela comes from Berlin, Germany's capital. The people also said that she was speaking with an accent and many elderly people even said, that she probably came from Romania.

Angela ging **regelmäßig** in ein China Restaurant zum Essen, dort erfuhr man, wer sich für sie interessierte, sie lebte mit ihrer **erwachsenen Tochter**, eine junge Frau die angeblich ab nächsten Sommer nach Berlin geht, um dort zu studieren.

Man wusste auch, Angela hatte auch einen Dachshund namens Max, mit dem sie wohl mindestens einmal pro Tag **spazieren ging**. Sie hatte auch Geld, glaubten die meisten, aber arbeiten ging sie nicht. Angela hatte ein **offenes Geheimnis**, sie trank gerne Wein. Ein bis zwei Flaschen Rotwein am Tag, sie bevorzugte den Wein allein zu trinken.

Angela regularly went to a restaurant and anyone who was interested in stories could gather that she was living with her daughter. It's also known, that Angela owned a dachshund named Max, with whom she took walks at least once a day. Most people thought she had money, but she didn't seem to work. Angela had an open secret, she loved drinking wine. She drank one to two bottles of red wine per day and she preferred to drink alone.

Am frühen Nachmittag fing sie an zu trinken und bis abends trank sie weiter.

*Besser als in Kneipen gehen und dort **den Ruf** zu verlieren*, dachte sie immer.

Teilweise hatte sie ihren Ruf schon verloren, denn im lokalen Aldi Supermarkt sah man sie regelmäßig **den Einkaufswagen** voll mit Weinflaschen.

Was den ganzen Ort wirklich interessierte, war, was machte sie wirklich, warum wollte sie alleine leben? Sie schien auch häufig länger verreist zu sein.

She began to drink in the early afternoon and continued drinking until evening.

***Better than going into the pub and losing her reputation there**, she always thought.*

She already lost part her reputation because in the local supermarket Aldi she could be seen regularly with shopping carts full of wine bottles.

What the people were really interested in, was what kind of work she had and why she lived alone. It also seemed she made a lot of trips.

Ein Tag vor Weihnachten hielt ein dunkler Wagen vor ihrem Wohnhaus. Männer und Frauen in Uniform. War es die Polizei? Wir wussten es nicht.

Interessanterweise, hielt ein paar Tage später wieder **ein Fahrzeug** dort. Diesmal ein weißer Van. Angela trug eine dunklen Sonnenbrille und stieg **hastig** in das Fahrzeug.

Ein Nachbar behauptete das Fahrzeug hatte **ausländische Kennzeichen** mit einer kleinen blau, weißen Fahne darauf.

One day before Christmas a dark vehicle parked in front of her house. Men and women in uniforms, was it the police? We didn't know.

Interestingly, a few days later another vehicle parked there. This time it was a white van. On this dark winter day she wore sunglasses and got hastily inside the vehicle and then he car disappeared. A neighbour claimed that the car had foreign plates with a tiny blue-white flag on it.

Zusammenfassung

Angela lebt in einer Kleinstadt. Die Leute sagen, sie sei eine Trinkerin, denn sie kauft oft Alkohol. Eines Tages kommen Uniformierte und kurze Zeit später wird sie von unbekannten Fremden abgeholt.

Vokabeln

die alte Trinkerin I *drunkard / old lush*
unbedeutende Stadt I *insignificant town*
regelmäßig I *regularly*
erwachsene Tochter I *grown up daughter*
spazieren gehen I *to take a walk*
offenes Geheimnis I *open secret*
der Ruf I *reputation*
das Fahrzeug I *vehicle*
der Einkaufswagen I *shopping cart*
hastig I *hurried*
ausländische Kennzeichen I *foreign plates*

Beantworte die folgenden Fragen im Auswahlverfahren. Nur eine Antwort je Frage ist richtig

1. Was sagten die alten Leute über Angela?
a) Sie kommt aus Rumänien
b) Sie sucht einen Mann
c) Sie sucht eine neue Arbeit
d) Sie kommt aus Pinneberg

2. Was war Angelas offene Geheimnis?
a) Sie reiste viel
b) Sie trank gerne Rotwein
c) Sie hatte eine Tochter
d) Sie war schwanger

3. Was passierte ein Tag vor Weihnachten?
a) Ein dunkler Wagen hielt vor dem Wohnhaus
b) Ihr Sohn kam zu Besuch
c) Angela trank Rotwein
d) Ein Nachbar rief die Polizei

4. Was behauptete ein Nachbar?
a) Angela ist eine Alkoholikerin
b) Angela ist eine Spionin
c) Ihr Sohn kam und holte sie ab

Lösungen aus Kurzgeschichte 4
1 a
2 b
3 a
4 b

85. A romantic cruise
Eine romantische Kreuzfahrt

Mein Name ist Birgit und morgen geht es los. Koffer packen sind kein Kinderspiel, und obwohl ich mich seit Wochen darauf **vorbereitet** habe, habe ich im Moment Probleme einen klaren Kopf zu behalten. Ich muss genau wissen, was ich **mitnehmen** muss und was zu Hause bleibt. Ich habe gerade gelesen, dass ich keine Flaschen und **Lebensmittel** mitnehmen darf.

My name is Birgit and it all begins tomorrow. Packing the luggage is no cakewalk and even though I've been preparing for weeks I currently have problems to keep a clear head. I need to know exactly what I have to pack and what I have to leave at home. I have just read that I mustn't take any bottles or groceries with me.

Die Kreuzfahrt startet von Italien aus. Von Deutschland aus, gibt es keine richtigen Kreuzfahrten, außer auf Flüssen wie auf der Donau oder dem Rhein, die aber **ausschließlich** für Rentner sind. Meine Kreuzfahrt geht morgen Abend los.

Es ist ein riesiges Schiff, mit mehreren Schwimmbädern und vielen Restaurants. **Der Gedanke**, eine Schiffsreise als Urlaub zu buchen, kam mir, als ich eine alte Freundin wieder traf. Sie hatte es schon über Facebook verbreitet, sie hatte endlich ihren **Traummann** gefunden.

The cruise starts in Italy. There are no real cruises starting in Germany except river cruises like they have on the Danube or Rhine, but they are exclusively for retirees.My vacation on a cruise ship begins tomorrow in the evening. It's an enormous vessel with several swimming pools and lots of restaurants. The idea to book a cruise came to my mind when I met an old friend. She had already spread the news on Facebook that she has finally found her dream man.

So schön kann das Leben sein. Zehn Jahre Online Dating und dann hat meine kleine **übergewichtige Freundin** tatsächlich einen Freund gefunden. Er muss ein **reicher Kerl** sein, jetzt weiß ich auch, was so eine Kreuzfahrt kostet.

Über fünftausend Euro hat meine Reise gekostet, aber die Reise meiner Freundin muss noch teurer gewesen sein. Meine Gedanken wandern zwischen packen und schicken Männern, Cocktails und Hygiene-Artikel. Diesel sollte man lieber **reichlich dabeihaben.**

Tampons und Shampoos wiegen zum Glück nicht viel. Ich höre die Tür klingeln. Wer kann das jetzt sein, ich habe keine Zeit!

Life can be that beautiful. After ten years of online dating my overweight female friend has finally found a boyfriend. He must be a rich guy; now I know how much such a cruise trips costs. My trip had cost over five thousand Euros, but my friends voyage must have been even more expensive. My thoughts are wandering between packing and posh guys, cocktails and toiletries. It's better to have plenty of them. Tampons and shampoos fortunately don't weigh a lot. I hear the doorbell ringing. Who might that be, I have no time!

„Hallo Andrea! Welch **eine Überraschung!"**

„Hallo Birgit, ich wollte dich nur mal kurz grüßen bevor morgen du morgen deine Kreuzfahrt antrittst. Darf ich dir meinen **Verlobten** vorstellen. Hier, das ist Bobi aus Manila"

„Angenehm"

„Hallo!"

„Spricht er auch Deutsch?"

„Nein, aber sehr gut Englisch. Er hat schließlich auf der Kreuzfahrt, wo ich ihn kennengelernt habe, gearbeitet. **Er war dort Kellner.** Er ist ein ganz fähiger Mann!"

Hello, Andrea! What a surprise!"

"Hello Birgit, I just wanted to say a last time hello before you'll start your cruise trip tomorrow. May I introduce you to my fiancé. This is Bobo from Manila."

"I'm pleased to meet you"

"Hello!"
"Does he also speak English?"
"He speaks English very well. After all he had worked on the cruise ship where I met him. He was a waiter there. He is a quite capable man!"

Zusammenfassung

Birgit plant eine Kreuzfahrt. Sie hofft dort einen Mann kennenzulernen. Ihre Freundin war auch auf einer Kreuzfahrt und hat dort ihren Verlobten, einen Kellner kennengelernt.

Vokabeln

vorbereiten I *to prepare*
mitnehmen I take / *to take so/s.th.*
die Lebensmittel I *groceries*
ausschliesslich I *exclusively*
der Gedanke I *the thought*
der Traummann I *dream man*
übergewichtige Freundin I *overweight female friend*
reicher Kerl I *rich guy*
eine Überraschung I *a surprise*
Verlobter I *fiance*
er war dort Kellner I *he was a waiter there*

Beantworte die folgenden Fragen im Auswahlverfahren. Nur eine Antwort je Frage ist richtig

1. Von wo aus startet die geplante Kreuzfahrt?
a) von Italien

b) von Deutschland
c) von England
d) von Amerika

2. Was hat die übergewichtige Freundin gemacht, um einen Freund zu finden?
a) Sie hat Diat gemacht
b) Sie ist gereist
c) Sie hat es zehn Jahre online versucht.
d) Sie hat gar nichts gemacht.

3. Wie viel Euro hat die Reise gekostet?
a) Die Reise war umsonst
b) Uber fünftausend Euro
c) Die Reise war ein Geschenk der Freundin
d) Uber tausend Euro

4. Welchen Beruf hat der Verlobte von Birgits Freundin?
a) Busfahrer
b) Kellner
c) arbeitslos
d) Lehrer

Lösungen aus Kurzgeschichte 5
1 a   2 c   3 b   4 b

86. Together again
Wir sind wieder zusammen

Thomas und Gisela haben Kinder die noch im Haus leben, **das Ehepaar** lebt aber seit kurzem **getrennt**. Thomas hat zum Glück noch eine kleine Wohnung in der Stadt und sein Familienhaus hat er Gisela und den Kindern **überlassen**. Die Eltern von Gisela sind beide schon Ende siebzig und planen für das nächste Wochenende ihre **Silberhochzeit**.

Thomas and Gisela have children who still live in their house, but the couple has been separated for a short time. Fortunately, Thomas still has a little flat in the city and has left the house to Gisela and the children. Gisela's parents are both almost eighty years old and are planning their silver wedding anniversary for the next weekend.

Es ist soweit ein herrlicher, warmer Sommer, und der Vater von Gisela, Heinz hat eine Idee. Warum nicht einen schönen **Grillabend** im Garten von Thomas veranstalten. Freunde, die Kinder und **Verwandte**, alle würden sie kommen. Außerdem hat sich Heinz schon immer mit Thomas gut verstanden. Beide sind schließlich **Jäger** im Jagdclub. Trennung oder nicht, es würde ein guter Grill-Abend werden. Heinz ruft seine Tochter an, und erwartet eine **Zusage** für das Wochenende. Es kostet Gisela viel **Überzeugung**, dass Thomas den Grill-Meister spielen soll. Thomas sagt zu.

So far it is a beautiful, warm summer and Gisela's father Heinz has an idea. Why shouldn't they arrange a barbecue evening in the garden of Thomas. Friends, the kids and relatives – all of them

would come. Furthermore, Heinz has always liked Thomas. After all they are both hunters in a hunting club. Break-up or not, it would be a great barbecue evening. Heinz calls his daughter and expects a promise for the weekend. It costs Gisela a lot of conviction that Thomas should be the barbecue master. Thomas agrees.

Samstagnachmittag ist es soweit. Der Grill wird zum Glühen gebracht, Würste und Schweinefleisch werden auf dem Grill gelegt, die Kinder spielen, die Erwachsenen trinken Bier. Musik dröhnt aus einer alten Stereoanlage. Heinz hilft Thomas am Grill, obwohl es ihm körperlich **schwer fällt**. Heute hat seine Brille vergessen. Plötzlich fällt Thomas ein, er hat noch ein **Geschenk** für Heinz.

Schnell läuft er zum Wagen und holt eine Schatulle, die er Heinz überreicht. Heinz staunt nicht schlecht, als er sein Geschenk aufmacht. Ein großes **Jagdmesser** mit Horngriff!

Thomas erklärt, dies sei ein ganz **besonderes** Messer der **Traditionsmarke** Puma aus Solingen. Ein Messer für **Sammler**!

Saturday in the afternoon it's time to start. The grill is heated, sausages and pork are placed on the grill, the children are playing and the adults are drinking beer. Music is blasting out of an old stereo. Heinz helps Thomas on the grill although it is physically difficult for him. He had forgotten his glasses. Suddenly, Thomas remembers that he still has a gift for Heinz.

He quickly runs to the car and gets a casket which he hands over to Heinz.

Heinz is quite surprised when he opens his gift. It's a big hunting knife with a horn handle!

Thomas explains that this was a very special knife made by a traditional knifemaker of the brand Puma from Solingen. A knife for collectors!

Der schöne Abend geht zu Ende. Als Thomas gehen will, gibt Gisela ihm noch einen Kuss, und sagt ihm, sie möchte ihn morgen sprechen. Am Sonntag treffen sich Thomas und Gisela. Sie ist ihm immer noch sehr **dankbar** für den tollen Grillabend.

Beide haben eine Unterhaltung, Thomas sagt ihr, in der alten Beziehung war nicht alles schlecht. Gisela macht Thomas den **Vorschlag**, sie könnten wegen der Kinder wieder **zusammenleben**.

Tatsächlich zieht die Familie schon eine Woche später wieder zusammen. Thomas ist besonders glücklich, zumal das billige, gefälschte Messer vom **Markt** in Thailand wohl seine Wirkung nicht verfehlte.

Indeed, after one week the family moves again together. Thomas is very happy, especially because the cheap fake knife from a market in Thailand didn't fail to make an impression.

Zusammenfassung

Thomas und Gisela haben sich getrennt. Wegen der Silberhochzeit ihrer Eltern veranstaltet sie einen Grill-Abend der ganzen Familie. Thomas schenkt Giselas Vater ein besonderes Jagdmesser. Gisela freut sich sehr, und zieht wieder mit Thomas zusammen. Das Jagdmesser hat Thomas im Urlaub in Thailand gekauft.

Vokabeln

das Ehepaar I *the couple*
getrennt I *separated*
überlassen I *to leave / surrender*
der/die Verwandte I *relatives*
der Grillabend I *barbeque evening*

der Jäger | *hunter*
die Zusage | *promise / acceptance*
die Überzeugung | *conviction*
schwerfallen | *s.th. is difficult to do*
das Geschenk | *gift / present*
das Jagdmesser | *hunting knife*
besonders | *special*
die Traditionsmarke | *traditional brand*
der Sammler | *collector*
dankbar | *thankful*
der Vorschlag | *proposal*
der Markt | *market*

Beantworte die folgenden Fragen im Auswahlverfahren. Nur eine Antwort je Frage ist richtig

1. Was planen die Eltern von Gisela am Wochenende?
a) die Silberhochzeit
b) eine Reise
c) eine Hochzeit
d) den Besuch ihrer Tochter

2. Warum sagt Thomas, dass Jagdmesser ist ein besonderes Messer?
a) Weil es ein Jagdmesser ist
b) Weil es ein Tradionsmesser aus Solingen ist
c) Weil es ein Geschenk ist
d) Weil es billig war

3. Wie ist die Reaktion Giselas auf den Grillabend?
a) Sie ist Thomas dankbar.
b) Sie ist krank geworden
c) Sie plant einen weiteren Grillabend
d) Sie zieht zu ihren Eltern

4. Warum ist Thomas nach dem Grillabend besonders glücklich?

a) Weil er Gisela heiratet wird
b) Weil er das Messer billig gekauft hat.
c) Weil er nach Thailand reist
d) Weil er der Grillmeister war.

Lösungen aus Kurzgeschichte 6
1 a
2 b
3 a
4 b

87. American tourists in Germany
Amerikanische Touristen in Deutschland

Lena und Willi sind **Rentner**, sie kommen **ursprünglich** aus Hamburg, verbringen aber die meiste Zeit in Bayern, ein Bundesland in Süddeutschland. Vor vielen Jahren hatten sie sich ein **Landhaus** in einem Dorf eingekauft.
Das Ehepaar kommt aus **einfachen Verhältnissen**. Willi war früher **Busfahrer**, seine Frau Lena hat früher in Supermärkten gearbeitet. Beide sind nicht gebildet, aber sie sind **glücklich**, denn beide sind gesund.
Eines Nachmittags klingelt die Tür.

Lena and Willi are pensioners, they are originally from Hamburg but they are spending most of their time in Bavaria, a state in South Germany. Many years ago they had bought a country house in a village.
The couple comes from humble homes. Willi worked as a bus driver and his wife Lena worked in a supermarket. Both of them are not educated, but they are happy because both of them are healthy. One morning the doorbell rings.

Willi öffnet die Tür und vor ihnen steht ein Mann mit zwei Kindern. **Unbekannte** Menschen.
„Guten Morgen, was kann ich für sie tun?"
Der Mann antwortet in einer **Sprache**, die er nicht versteht. Willi ruft seine Frau. Lena begrüßt die Leute, die alle enthusiastisch und erfreut durcheinander reden,

ohne das Lena und Willi ein Wort verstehen.
„Ich glaube die sprechen Englisch", sagt Lena zu Willi.

Willi opens the door and in front of him a man is standing with two children. Strangers.
"Good morning, how can I help you?" Willi asks.
The man answers in a language that he doesn't understand. Willi calls his wife. Lena greets the people who are talking enthusiastically but Lena and Willi don't understand a word.
"I think they are speaking English", Lena says.

Die fremden Kinder nicken, fast scheinen sie zu **jubeln**.
Plötzlich greift der fremde Mann in seiner Tasche und holt ein altes schwarzweißes Foto. Er zeigt es Willi und Lena. Willi setzt sich seine Brille auf und **nickt freundlich**.

Die fremde Familie jubelt, die Kinder umarmen Willi.
Ohne zu **zögern**, stürmt die fremde Familie ins Haus. Sie reden laut in ihrer Sprache und scheinen sich sehr zu freuen. Der Mann zeigt auf eine Kuckucksuhr und mit einem Finger auf seine Brust.
Lena lächelt. "Solche hat er wohl auch."

The strange children nod and seem almost to cheer.
Suddenly the strange man grabs in his pocket and takes a black and white photograph out. He shows it to Lena and Willi. Willi puts his glasses on and nods kindly.
The strange family cheers and the children hug Willi.
Without hesitation the strange family storms into the house. They are talking in their own language and seem to be more than happy. The man points at the cuckoo clock and then he points with his finger at his chest.

Lena smiles. "He seems to own one of these."
Die Kinder gehen in die Küche und öffnen den Kühlschrank.
Lena und Willi folgen ihnen.
„**Seid ihr hungrig**", fragt Lena. „Wir haben heute Sauerkraut mit Wurst, ich mache euch das Essen warm."
Die Kinder **umarmen** Lena, der Fremde Mann schüttelt Willi die Hand. Am Tisch wird gegessen, gelacht, und plötzlich versteht Willi einige Wörter.
Amerika, Großvater! Willi und Bertha nicken freundlich, die fremde Leute sprechen alle durcheinander.
The children go in the kitchen and open the fridge.
Lena and Willi follow them.
"Are you hungry" asks Lena. "Today we have sauerkraut with sausage. I'll warm it up for you."
The children hug Lena and the strange man shakes Willis' hand. At the table they eat and laugh and suddenly Willi understands a few words from the strangers.
"America, grandfather!" Willi and Lena are nodding kindly, the strangers speak all at once.
Plötzlich steht die fremde Familie auf, sie umarmen Lena und Willi. Zum Schluss überreicht der fremde Mann Willi das alte Foto. Wille nickt freundlich. Dann ist die Familie fort. Willi schaut nochmals auf das alte Foto, schüttelt den Kopf und sagt zu Lena: „Das muss der alte **Eigentümer** des Hauses sein, als er noch jung war."
„Ja, aber **wer waren diese Leute** denn", fragt Lena.
All of a sudden the strange family stands up and hug Lena and Willi. On parting the strange man hands the photograph to Willi. Willi nods kindly. Then the family is gone. Willi looks again at the

picture and says to Lena: "He might be the former owner of this building when he was young."
Lena: "Yes, but who were these people?"

Zusammenfassung

Willi und seine Frau Lena sind Rentner und leben in einem Landhaus. Sie bekommen Besuch einer fremden Familie, die kein Deutsch spricht. Die Familie geht ins Haus und versuchen sich mit den Rentnern zu unterhalten. Die Fremden sind erfreut und aufgeregt. Nach dem Essen gehen sie wieder, Willi und Lena wissen nicht, wer sie waren.'

Vokabeln

die Rentner | *pensioners / retirees*
ursprünglich | *originally*
das Landhaus | *country house*
einfache Verhältnisse | *from humble homes*
der Busfahrer | *bus driver*
glückich | *happy*
unbekannte | *unknown*
die Sprache | *language*
jubeln | *cheer*
plötzlich | *suddenly*
zögern | *hesitate*
seid ihr hungrig | *are you hungry?*
umarmen | *to embrace / hug*
der Eigentümer | *proprietary / owner*
wer waren diese Leute? | *who were these people?*

Beantworte die folgenden Fragen im Auswahlverfahren.
Nur eine Antwort je Frage ist richtig

1. Was hat Lena gemacht, bevor sie in Rente ging?

a) Sie hat in Supermärkten gearbeitet
b) Sie hat auf einem Bauernhof gearbeitet
c) Sie war Hausfrau
d) Sie hat im Ausland gelebt

2. Was holt der fremde Mann aus seiner Tasche?
a) Eine Pistole
b) Einen Umschlag mit Geld drin, denn er wollte das Haus kaufen
c) Ein Foto
d) Ein Geschenk

3. Was bietet Lena den Kindern im Haus an?
a) Eine Kuckuksuhr
b) Warmes Essen
c) Ein Foto des Hauses
d) Einen Umschlag mit Geld drin

4. Als die fremde Familie wieder geht, was machen sie zum Schluss?
a) Sie umarmen Willi und Lena
b) Sie schenken Willi und Lena Geld
c) Sie geben Willi und Lena ein Umschlag
d) Sie gehen ohne etwas zu tun oder zu sagen.

Lösungen aus Kurzgeschichte 7
1 a   2 c   3 b   4 d

88. A hermit in Germany
Ein Einsiedler in Deutschland

Einige Leute sagen, Michael ist ein **Einsiedler**. Aber das ist nur **zum Teil richtig**.

Richtig ist, er lebt abgeschieden im Süden des Bundeslandes Sachsens, nahe der tschechischen **Grenze außerhalb** eines Dorfes im Erzgebirge.

Ein Einsiedler ist meistens arm an **materiellen Gütern** und so ist es auch bei Michael. Keine elektrische Heizung und genaugenommen auch keinen Strom. Den kann er sich aber gelegentlich zum Kochen besorgen. Draußen vor seinem Haus, hat er einen Generator angeschlossen.

People say, Michael is a hermit. But that's just partly true.

True is, he is living abandoned in the southern state of Saxony, near to the border of the Czech Republic outside of a village in the Erzgebirge mountains. A hermit is mostly poor in material goods and this also applies to Michael. No electric heating and strictly speaking not even electricity. But he can get some electricity for cooking as he has a stove, and in front of his home he has linked a generator.

Wasser gibt es reichlich. Er ist auch gut eingerichtet. Ein großes Bett, kleine Schränke für die Nischen, eine selbstgebaute Camping Toilette, Stereoanlage, Farbfernseher und für seinen Computer leistet er sich Internet mit Satellit-**Anschluß**. Zum **Aufladen** seiner kleineren Geräte fährt er mit dem Fahrrad zum Nachbarn.

Einmal in der Woche fährt er mit dem Fahrrad ins 10 Kilometer entfernte Dorf, wo er im Supermarkt einkauft. Michael hat noch einen **Traum**, er möchte eine moderne Toilette, und noch wichtiger, ein richtiges, geschlossenes Panoramafenster.

There is enough water. He is also well equipped. A big bed, a small wardrobe for the clothings, a handmade camping toilet, a stereo, a colour TV set ,and for his computer he even has internet access with a satellite connection. For charging his smaller devices he goes by bicycle to his distant neighbours.

Once a week he drives with his bicycle to a village which is 10 miles away where he goes shopping in the supermarket. Michael still has a dream, he wants a modern toilet and even more important a big panorama window.

Das Problem ist, seine Behausung hat mehrere kleine Eingänge und nach vorne hin einen riesigen, über fünf Meter breiten Eingang. **Der Eingang** bleibt eigentlich offen, denn es passt keine Tür rein und Plastikfolie hilft nicht immer, wenn es draußen regnet und kalt ist.

Aber **der Blick** aus diesem riesigen Eingang ist fantastisch. Michael lebt umgeben von Bergen und Wald, und von hier aus kann er auf ein weites Tal und auf die **gegenüberliegenden** Bergen blicken. Der Blick inspiriert Michael. Er fühlt sich noch jung und möchte eines Tages Architekt werden. Wenn das nicht funktioniert, dann vielleicht **Schriftsteller**, oder Künstler.

The problem is, his dwelling has several small entrances and at the front a huge, over five metres wide entrance. The entrance is open most of the time for there is no door that fits and plastic foil doesn't help, especially if it's cold and raining

outside.

But the view out of this enormous entrance is fantastic. Michael lives surrounded by mountains and woods and from here he can look at a wide valley and at the opposite mountains. The view inspires Michael. He feels still young and one day he wants to become an architect.

Ein weiteres Problem ist, es passt keine Tür, kein Fenster in die ungewöhnliche Form des riesigen Eingangs. Freunde haben ihn besucht, aber die Situation erscheint auch ihnen extrem schwierig.

Sie sagen, da Michael in einer **Höhle**, wo vor zehntausend Jahren Bären und Neandertaler lebten, sei es unmöglich dort ein Panoramafenster einbauen zu lassen.

Another problem is that no door and no window fit into the unusual form of this huge entrance. Friends have visited him, but even for them the situation seemed quite difficult.

They say that it's impossible to install a panorama window there, since Michael is living in a cave where ten thousand years ago bears and Neanderthals used to live.

Zusammenfassung

Michael lebt als Einsiedler und träumt, sich ein großes Panoramafenster einbauen zu lassen. Obwohl er in seiner Behausung leben kann, ist es schwierig. Es ist nicht möglich ein Panoramafenster einzubauen, wenn man in einer Höhle lebt.

Vokabeln

der Einsiedler I *hermit*
zum Teil richtig I *partly true*
die Grenze I *border*
außerhalb I *outside of /out of town*
materiellen Gütern I *material goods / assets*
die Behausung I *dwelling*
der Anschluss I *connection*
aufladen I *charge*
der Traum I *dream*
der Eingang I *entrance*
der Blick I *view*
gegenüberliegend I *opposite*
der Schriftsteller I *writer*
die Höhle I *cave*

**Beantworte die folgenden Fragen im Auswahlverfahren.
Nur eine Antwort je Frage ist richtig**

1. Im welchen Bundesland lebt Michael?
a) Er lebt in Hamburg
b) Er lebt im Ausland
c) Er lebt in Berlin
d) Er lebt in Sachsen

2. Was hat Michael vor dem Haus angeschlossen?
a) Einen Generator
b) Einen Herd
c) Eine Waschmaschine
d) Einen Fernseher

3.Was möchte Michael beruflich machen?
a) Er möchte Architekt werden

b) Er möchte Koch werden
c) Er hat keine festen Plane
d) Er möchte Lehrer werden

4. Was macht Michael einmal die Woche?
a) Er besucht seine Eltern
b) Er fahrt mit dem Fahrrad ins Dorf
c) Er fahrt mit dem Bus nach Berlin
d) Er kocht sich warmes Essen

Lösungen aus Kurzgeschichte 8
1 d
2 a
3 a
4 b

89. The unexpected treasure
Der unerwartete Schatz

Jan Schulz war ein romantischer Mensch. Obwohl er **damals** schon 18 Jahre alt war, interessierte er sich mehr an Fantasien aus **Geschichts-Büchern**, als an junge Mädchen, anders als seine Freunde oder **Klassenkameraden**.

Wenn er nicht schlief oder mit Hausaufgaben **beschäftigt** war, **döste** er im Wohnzimmer auf dem Sofa und träumte davon eines Tages viel Geld zu haben. Einen nachmittags schlief er auf dem Sofa komplett ein. Er hatte **einen lebhaften Traum.**

Jan Schulz was a romantic person. Although he has been already 18 years old at that time, he was more interested in history books than in young ladies, other than his friends and classmates.

When he didn't sleep or he wasn't busy with his homework he used to doze on the sofa and was dreaming of having a lot of money one day. One afternoon he fell asleep on the couch. He had a lively dream.

Er träumte einen Schatz auf einer Insel gefunden zu haben. Als er eine alte **Truhe** fand, öffnete er sie, und eine kleine Wolke aus **Rauch** stieg daraus hervor. Der Rauch formte sich zum Mund und eine alte **Stimme** sagte: „Steh auf, geh in den Wald, dort findest du eine Karte. Die Karte wird neben einer alten Pinien-Tanne begraben sein. Grabe ein Loch wo du Rauch siehst. Es ist Eine **Schatzkarte**. Du kannst reich werden, wenn du die Karte findest".

He dreamed to have found a treasure on an island. As he found the chest, he opened it and a little cloud of smoke came out. The smoke formed itself to a mouth and an old voice said: "Get up, go to the forest, you'll find a map there. The map will be buried beneath an old pine tree. Dig a hole where you'll see smoke. It's a treasure map. You can become rich if you find the map".

Der Rauch näherte sich, Jan konnte plötzlich nicht mehr **atmen**, er glaubte zu ersticken.

Jan wachte erst **nachmittags** auf.

Draußen war es schon Herbst, Nebel lag über dem Land. Gleich hinter dem Haus began ein Pfad, der direkt in den Wald führte. Er folgte den Pfand und keine hundert Meter gegangen, sah er die Pinien Tanne und daneben stieg ein feiner, weißer Rauch gerade in den Himmel.

The smoke came closer to his face, all of a sudden Jan couldn't breathe anymore, and he thought he had to choke.

Jan awoke in the afternoon.

It was already autumn, fog layed over the landscape. Behind the house a path began, which lead directly to the forest. He followed the track and he didn't even go one hundred metres, as he already saw the pine tree and next to it he could see fine, white smoke rising to the sky.

Jan **buddelte im Boden**, und fand ein kleines Rohr, **im Inneren** fand er eine zusammengerollte **Schriftrolle**.

Es sah aus wie eine Buddhistische Karte oder Schriftrolle. Er rollte sie zusammen und ging nach Hause.

Jan dug into the soil and found a little tube and inside he found a rolled-up scroll.

It looked like a Buddhist map or a scroll. He rolled it up and went home.

Am folgenden Tag ging er gleich nach der Schule in ein Geschäft, das Gold und Wertgegenstände ankauft. Für die Karte gab es kein Geld. Jan ging nach Hause, legte sich auf das Sofa und schlief ein. Er träumte, dass er nie wieder Geld brauchte.

Als er aufwachte, blickte er lächelnd auf die Schatzkarte. Das Geld und der Schatz waren nicht mehr wichtig.

The next day he went directly after school to a shop, where gold and other objects of value could be sold.

He didn't get any money for the map. John went home, lied on the couch, and fell asleep. He dreamed that he would never need any money.

As he woke up he glanced smiling at the treasure map. The money and the treasure weren't important to him anymore.

Zusammenfassung

Jan ist ein verträumter junger Mann. Eines Tages, träumt er davon, dass er einen Schatz im Wald finden wird. Als wer aufwacht, versucht er den Schatz zu finden. Er findet im Wald eine Schriftrolle. Danach möchte er keinen Schatz mehr finden und auch nicht mehr reich sein.

Vokabeln

damals | *at that time*
Geschichts-Bücher | *history books*
die Klassenkameraden | *classmates*
beschäftigen / beschäftigt | *to occupy so.*
dösen / döste | *to doze / dozed*
die Truhe | *chest / coffer*

einen lebhaften Traum | *a lively dream*
der Rauch | *to smoke*
die Stimme | *voice*
eine Schatzkarte | *a treasure map*
das Gesicht | *face*
atmen | *to breathe*
nachmittags | *afternoon*
buddelte im Boden | *digged into the soil*

**Beantworte die folgenden Fragen im Auswahlverfahren.
Nur eine Antwort je Frage ist richtig**

1. Wofür interessierte sich Jan Schulz?
a) Für Kochbücher
b) Für Geschichtsbücher
c) Für seine Klassenkameraden
d) Für Reisen

2. Wo lag die Karte begraben?
a) Neben einer Pinien-Tanne
b) Unter dem Haus
c) Auf dem Friedhof
d) Nirgendwo

3. Was fand Jan Schulz im Boden?
a) Eine Truhe
b) Ein Rohr mit einer Schriftrolle
c) Geld
d) Eine Buddha Statue

Lösungen aus Kurzgeschichte 9
1 b
2 a
3 b

90. The maid
Die Reinmachefrau

Maria kommt aus Polen und **arbeitet** zweimal die Woche **als Putzfrau** in einem großen Haus. Das Haus gehört Frau Schuh, die allein lebt. Ab und zu kommt ihr Sohn **zu Besuch**. Ihr Sohn ist arbeitslos und bekommt Geld von der Mutter.

Maria comes from Poland and works twice a week as maid in a big house. The house belongs to Frau Schuh who lives alone. Once in a while her son comes to visit her. Her son is unemployed and receives money from his mother.

Der Sohn lebt bei einem Freund. Er kommt oft **in den Morgenstunden** zum Haus seiner Mutter und **schaut Fernsehen.** Wenn das Wetter gut ist, sitzt er auf Terrasse und trinkt Bier. Maria muss die leeren Bierflaschen in den Keller bringen. Im Keller liegen noch **riesige Mengen** an Kisten mit vollen Bierflaschen..

The son lives at a friends' place. He often comes in the morning hours to his mother house and is watching TV. If the weather is fine, he sits on the terrace and drinks beer. Maria has to carry the empty beer bottles into the basement. A huge amount of full beer cases are stored in the basement.

Frau Schuh arbeitet sehr hart. Sie arbeitet in einer Fabrik und **kommt spät nach Hause**. Aber sie ruft oft ihren Sohn an und manchmal auch Maria.

Eines Tages bittet der Sohn Maria um **einen Gefallen**. Er sagt. „Ich reise für einige Wochen nach Spanien.

Aber sagen Sie es nicht meiner Mutter. Lassen Sie alles normal erscheinen.

„Kein Problem", sagt Maria.

Frau Schuh works very hard. She works in a factory and comes home very late. But she often calls her son and also sometimes Maria.

One day the son ask Maria for a favor. He says: "I'll make a trip to Spain for a few weeks. Don't tell it my mother. Make it appear as everything would be normal.

"No problem", says Maria.

Die folgenden Tage scheint alles normal zu sein. Frau Schuh ruft Maria an und fragt, ob ihr Sohn zu Hause ist und alles in Ordnung ist.

„Ja Frau Schuh, alles ist in Ordnung." Maria sitzt auf der Terrasse und trinkt Bier. Sie wird die leeren Flaschen **in den Keller bringen.**

The next days everything seems to be normal. Frau Schuh calls Maria and asks her if her son was at home and if everything's fine.

"Yes, Frau Schuh, everything is alright." Maria sits on the terrace and is drinks beer. Later she'll carry the empty bottles into the basement.

Zusammenfassung

Eine polnische Putzfrau arbeitet im Haus von Frau Schuh. Wenn Frau Schuh nicht zu Hause ist, Ihr Sohn kommt sie manchmal besuchen um auf der Terrasse Bier zu trinken. Er hat viel Bier im Keller gelagert. Der Sohn sagt der Putzfrau, sie solle ein Geheimnis bewahren , das er nach Spanien fliegt, Alles soll normal erscheinen. Deshalb sagt die Putzfrau nichts und trinkt sein Bier.

Vokabeln

fernsehen schauen | *watching TV*
riesige Mengen | *huge amounts*
der Grosshandel | *wholesale*
spät nach Hause kommen | *coming home late*
einen Gefallen | *a favour*
in den Keller brigen | *to bring (s.th.) into the basement*

Beantworte die folgenden Fragen im Auswahlverfahren. Nur eine Antwort je Frage ist richtig

1. Was macht der Sohn wenn er ins Haus kommt?
a) Er kocht Mittagessen
b) Er trinkt Bier
c) Er guckt Fernsehen
d) Er surft im Internet

2. Was lagert im Keller?
a) Kisten mit Lebensmittel
b) Ein Fernseher
c) Leere Bierlfaschen
d) Kisten mit vollen Bierflaschen

3. Was macht Maria beruflich?
a) Sie ist Hausfrau
b) Maria ist arbeitslos
c) Maria arbeitet in einer Fabrik
d) Maria arbeitet in einem Restaurant

4. Welchen Plan hat Marias Sohn?
a) Er will nach Spanien verreisen
b) Er will das Bier aus dem Keller holen
c) Er versucht Arbeit zu finden.
d) Er möchte Maria helfen

Lösungen aus Kurzgeschichte 10
1 b   2 c   3 c   4 a

91. A Japanese in Munich
Ein Japaner in München

Yoshi ist Japaner und **hat Deutschland schon oft besucht**. Yoshi hat Deutsch in der Schule gelernt und liebt die Deutsche Kultur. Besonders **Sauberkeit und Ordnung** sind ihm wichtig. Aber Yoshi war noch nie in München. **In den Sommerferien** fliegt Yoshi nach München. Er besucht alle **Touristenattraktionen** und findet auch **das berühmte** Hofbräuhaus. Das Hofbräuhaus ist eines der bekanntestes Lokale für bayrisches Bier.

Es ist erst **gegen Mittag** als Yoshi das Lokal besucht. Das Lokal ist noch leer. **In einer Ecke** sieht er einen einzigen Gast, einen sehr alter Mann, der Bier trinkt. Yoshi **setzt sich neben den Mann** und **bestellt** ein Bier. Yoshi möchte mit den alten Mann sprechen. Yoshi lächelt.

„Entschuldigen Sie. **Mögen Sie Bier**", fragt Yoshi den alten Mann.

Der alte Mann lächelt müde. "**Selbstverständlich**. Ich bin ein richtig Bayer."

„München ist auch eine schöne Stadt", sagt Yoshi.

Der alte Mann schaut in sein Glas. "Früher war München eine schöne Stadt. Jetzt weiss ich es nicht."

„Ich komme aus Japan. Mein Name ist Yoshi."

Der alte Mann lächelt. "Leider darf ich dir meinen Namen nicht sagen"

„Ist das Hofbräuhaus ihr **Lieblingslokal**", fragt Yoshi.

„Ich kenne nur dieses Lokal", sagt der alte Mann.

Yoshi wundert sich. "**Darf ich fragen**, wie alt Sie sind"
„Ich werde bald hundert Jahre alt", antwortet der Mann.
„Sie sind fast einhundert Jahre alt und kennen nur dieses Lokal", fragt Yoshi.
„Nein."
„Leben Sie in München?
„**Ich habe ein Zimmer** hier im Hofbräuhaus."
„Ach so. Seit wann leben Sie hier?"
„Ich **verlasse** dieses Lokal nie", antwortet der Mann.
"Ich lebe in diesem Lokal **seit Ende der Feindseligkeiten** 1945."

Zusammenfassung

Der Japaner Yoshi besucht im Sommer Deutschland, und findet das Hofbräuhaus, ein bekanntes Bier Lokal. Dort trifft er eine alten Mann. Es stellt sich heraus, der alte Mann versteckt sich im Hofbräuhaus seit 1945.

Vokabeln und Redewendungen

hat Deutschland schon oft besucht | *has visited Germany often*
Sauberkeit und Ordnung | *cleanliness and order_*
in den Sommerferien - *during the holidays*
Touristenattraktionen | *tourist attractions*
das berühmte | *the famous_*
gegen Mittag | *about noon_*
in einer Ecke | *in a corner*
bestellen | *to order*
mögen Sie Bier | *do you like beer*
selbstverständlich | *of course*
Lieblings Lokal | *favorite restaurant / bar*
darf ich fragen | *may I ask*
Ich habe ein Zimmer | *I have a room_*
seit Ende der Feindseligkeiten | *since the end of hostilities*

Lernfragen

Wo trifft Yoshi den alten Mann?
Warum möchte Yoshi den alten Mann sprechen?
Warum, glaubst du, versteckt sich der alte Mann?

92. An allotment in Germany
Ein Schrebergarten in Deutschland

Deutschland ist bekannt für seine Schrebergärten. **Außerhalb der großen Städte** findet man Gebiete mit vielen kleine Gärten. In jedem Garten steht **eine kleine Hütte.** Viele dieser Gärten bilden eine kleine Kolonie. **Diese Gärten und Hütten nennt man Schrebergärten.** Die meisten kann man kaufen. **Die Eigentümer sind meistens Rentner. Die Rentner freuen sich im Garten zu arbeiten.**
Einer dieser Schrebergärten gehört Wolfgang Meier, einen Rentner aus Hamburg. Außerhalb Hamburgs hat er sich einen Schrebergarten gekauft. In seinem Garten befindet sich **ein kleiner Teich.** Im Teich schwimmen kleine Goldfische. Herr Meier ist auch Angler. **Er kennt sich mit Fischen aus.** Herr Meier hat keine Familie und liebt seine Fische. **Jeden Fisch hat er einen Namen gegeben.**
Eines Tages besucht Herr Meier seinen Schrebergarten. Zwei Fische liegen an der Oberfläche. Die Fische sind tot. Später findet Herr Meier noch mehr tote Fische. Dafür gibt es keine **Erklärung.** Herr Meier ist sehr traurig. **Er entscheidet** sich den Schrebergarten zu verkaufen. Obwohl er eine Anzeige aufgibt, kauft keiner seinen Schrebergarten. Aber Herr Meier ist mit vielen **Nachbarn** befreundet. **Nach kurzer Zeit** verschenkt Herr Meier seinen Schrebergarten an einem Nachbarn. Die Nachbarn **übernehmen** den Schrebergarten und

sind glücklich mit ihrem **Geschenk**. Schon nach kurzer Zeit befindet sich alles **im hervorragendem Zustand**. Der Garten **blüht** und im Teich schwimmen viele Fische.

Ab und zu, kommt Herr Meier zu Besuch. Er möchte sehen, was sich in seinem alten Schrebergarten verändert hat. Der Schrebergarten sieht **sehr gepflegt** aus und Herr Meier ist **neidisch**. Eines Tages liegen wieder tote Fische im Teich. Fast alle Fische sind tot.

Kurze Zeit später erhalten die Nachbarn und **Eigentümer** des Schrebergartens einen Brief von Herrn Meier. Im Brief steht, er, Herr Meier möchte den Schrebergarten **am Wochenende benutzen**. Wenn er den Schrebergarten am Wochenende benutzen darf, dann würde er, für ganz viele **gesunde Fische** im Teich garantieren.

Zusammenfassung

Ein Mann besitzt einen kleinen Garten mit einer Hütte, einen sogenannten Schrebergarten. Als einige Fische in seinem Teich sterben, verschenkt er den Schrebergarten an einen Nachbarn. Der Schrebergarten blüht, es leben viele Fische im Teich. Der Mann tötet viele Fische und bietet den neuen Besitzer an, am Wochenende den Garten benutzen zu dürfen. Dafür würde er gesunde Fische garantieren.

Vokabeln und Redewendungen

außerhalb der großen Städte | *outside of the larger cities*
eine kleine kleine Hütte | *a little hut*
diese Gärten und Hütten nennt man Schrebergarten | *these gardens and huts are called Schrebergarten*
die Eigentümer sind meistens Rentner | *the owners are mostly pensioners*

ab und zu | *sometimes / once in a while*
die Rentner freuen sich im Garten zu arbeiten | *the pensioners are glad to work in the garden*
ein kleiner Teich | *a little pond*
er kennt sich mit Fischen aus - *he knows about fish*
jeden Fisch hat er einen Namen gegeben | *he gave every fish its own name*_die Erklärung | *explanation*
er entscheidet - *he decides*_die Nachbarn | *the neighbors*
nach kurzer Zeit | *after a short time*
übernehmen | *to take over*
das Geschenk | *gift*
neidisch | *envious/envy*
im hervorragenden Zustand | *in excellent condition*
die Eigentümer | *owner / proprietor*
blühen | *prosper*
sehr gepflegt | *well maintained*
gesunde Fische | *healthy fish*

Lernfragen

Warum hat Herr Meyer sich einen Schrebergarten gekauft?
Warum gibt Herr Meyer eine Anzeige auf?
Warum verschenkt Herr Meyer den Schrebergarten?

93. My girlfriend and her secret
Meine Freundin und ihr Geheimnis

Harald Johnson hatte **sich verliebt**. Seit einigen Wochen hatte er eine neue Freundin. Seine neue Freundin war eine Frau, die **auf dem Markt arbeitete** und **nachmittags** in die Bibliothek ging.

Herr Johnson war seit einem Jahr Rentner. Er hatte viel **Freizeit**, und wenn er nicht in der Bibliothek Bücher las, ging er in die Geschäfte, hauptsächlich aus Langeweile. In der kleinen **Stadtbibliothek**, sass seit Wochen **eine Dame seines Alters** und las Bücher. Mit der Zeit kamen sie ins **Gespräch**.

Die Dame sagte, sie arbeitet morgens in einem **Käsegeschäft** auf dem Markt. Wenn der Markt nachmittags geschlossen war, ging sie zur **Erholung** in die Bibliothek. Beide hatten ein Hobby. Sie lasen beide klassische Literatur und **Kochbücher**. Herr Johnson **besuchte sie** nie auf dem Markt, aber nach einigen Stunden in der Bibliothek gingen sie manchmal einen Kaffee trinken.

Eines Tages lud Herr Johnson die Dame zu sich nach Hause ein. Er wollte für sie kochen. Herr Johnson war ein guter Hobbykoch. Sie trafen sich mehrmals bei Herrn Johnson und nach einigen Wochen wurden sie schliesslich **ein Paar**.

Allerdings war **die Beziehung** nicht ohne Probleme. Herr Johnson mochte den **Geruch** der Dame nicht. **Er sagte ihr ganz offen, dass sie nach Käse riecht.**

Deshalb mochte er sie auch nicht mehr nach Hause einladen. Herr Johnson glaubte, jedes Mal nachdem die Dame ihn besucht hatte, roch sein **Schlafzimmer** nach Käse.

Als eines Tages Herr Johnson ihr wieder sagte, sie rieche nach Käse, **wurde sie böse**. Sie sagte ihm, sie arbeitet in Wirklichkeit nicht auf dem Markt. Sie sagte, sie sei in **Wirklichkeit arbeitslos.** Herr Johnson sagte, in Wirklichkeit ist er auch kein Rentner.

Zusammenfassung

Ein älteres Paar haben sich in der Bibliothek kennengelernt. Die Frau sagt, sie verkauft Käse, der Mann sagt, er ist Rentner. Der Mann beschwert sich über ihren Geruch, weil er glaubt, das kommt vom Käse. Sie streiten sich. Am Ende erzählen sie sich ihren wirklichen Beruf.

Vokabeln und Redewendungen
sich verlieben - *to fall in love*
auf dem Markt arbeiten - *to work at the market*
nachmittags - *afternoon*
die Freizeit - *spare time / free time*
die Stadtbibliothek - *municipal library*
eine Dame seines Alters - *lady /woman of his age*
das Gespräch - *conversation*
ein Käsegeschäft - *a cheese shop*
Erholung - *recreation*
Kochbücher - *cooking books*
besuchte sie - *visited her*
ein Paar - *couple*
die Beziehung - *relationship*
der Geruch - *smell*

das Schlafzimmer - *bedroom*
eines Tages lud Herr Johnson die Dame zu sich nach Hause ein
- *one day Herr Johnson invited the lady to his house*
ich mache Fußmassagen - *I do foot massages*
ich arbeite auf dem Bauernhof im Schweinestall
- *I work in a farmhouse in a pig stall*

Lernfragen

Warum beschwert sich über ihren Geruch?
Was ist der wirkliche Beruf der Dame?
Was macht Herr Meyer, wenn er nicht in der Bibliothek ist?

94. The German refugee
Der deutsche Flüchtling

Es ist Sonntag und Sommer und in ganz Deutschland ist es warm. **Auf dem Lande** sind **die Felder** grün, das Licht ist klar und die Luft ist rein. Auf einer **Hauptstrasse** sieht man Autos und einige **Lastwagen** fahren. Auf den **Fahrradwegen** neben der Strasse, fahren Familien mit dem Fahrrad um sich **zu erholen**. Auf dem Lande ist es ruhig, es ist **ein friedliches und reiches Land**.

Etwas passt nicht in diese schöne Szene. **Am Rande** der Straße sieht man eine Gruppe **Wanderer**. Viele tragen **Gepäck**, die meisten sind junge Männer. Viele Fahrer halten an und lassen die Männer passieren. Die jungen Menschen gehen in kleinen Gruppen. Die meisten Menschen der Gruppe **schweigen** und ignorieren die Fahrrad- und Autofahrer. Es sind Flüchtlinge. Die meisten kommen aus Syrien, andere aus Nordafrika. Viele sind **seit Jahren unterwegs**. Viele sind apathisch.

Es sind Menschen, die **vom Krieg geflüchtet** sind. Als einer der Gruppen abends in einem Dorf anhält, nähern sich einzelne Deutsche und **bringen ihnen Essen und Decken**. Auf einer großen Wiese machen sich die Gruppen für die Nacht fertig.

Am Rande der Wiese sieht man **ein großes Zelt** vom Roten Kreuz. Neben dem Zelt steht ein Mann in dunkler Uniform. Er ist ein Beamter. Seine Aufgabe ist es, die Flüchtlinge zu registrieren.

Ein älterer Mann, ein Flüchtling nähert sich dem Beamten.

„Guten Abend", sagt der Beamte. "Wie kann ich Ihnen helfen?"

"„Ich spreche Deutsch", antwortet der Fremde.

"Das ist gut. Wo haben Sie Deutsch gelernt?"

„Ich bin Deutscher. **Ich habe aber keinen Reisepass."**

„Wie kommt das? Was machen Sie hier?"

„Ich komme aus dem **Ausland**", sagt der Mann schüchtern.

„Jetzt bin ich **neugierig** geworden", sagt der Beamte. „Warum gehen Sie zusammen mit den Flüchtlingen?"

„Ich bin seit zwei Jahren unterwegs. Über Indien und Pakistan bin ich **zu Fuss unterwegs**. In der Türkei habe ich mich den Flüchtlingen angeschlossen."

Der Beamte schüttelt den Kopf. "Das glaube ich Ihnen nicht."

„Es ist wahr. Ich reise seit langer Zeit zu Fuss. Mir ist in Thailand das Geld ausgegangen. Ich habe dort zuviel **gefeiert** und die Botschaft hat mir nicht geholfen."

Der Beamte lächelte: „Ich werde Ihnen auch nicht helfen, aber Willkommen in Deutschland."

Zusammenfassung

In einem Dorf gibt es viele Flüchtlinge. Die Menschen sind vor dem Krieg geflohen. Unter den Flüchtlingen befindet sich ein Deutscher ohne Geld. Er bittet einen Beamten um Hilfe. Er bekommt keine Hilfe. Es stellt sich heraus, der Mann ist schon zwei Jahre zu Fuss von Thailand nach Deutschland gewandert, denn dort ist ihm das Geld ausgegangen

Vokabeln und Redewendungen

auf dem Lande - *countryside_*
der Lastwagen - *the truck / lorry*
die Hauptstrasse - *the main road*
zu erholen - *to regenerate*
ein friedliches und reiches Land - *a rich and peaceful country*
am Rande - *at the fringe / outside_*
das Gepäck - *luggage*
schweigen - *silence*
seit Jahren unterwegs - *traveling / wandering for years*
vom Krieg geflüchtet - *escaped war*
bringen ihnen Essen und Decken
 - *bring them food and blankets*
ein grosses Zelt - *a large tent*
ein Beamter - *an official*
älterer Mann - *elderly man*
Ich habe aber keinen Reisepass - *I don't have a passport*
das Ausland - *foreign country*
neugierig - *curious*
zu Fuss unterwegs - *walked on foot*
feiern - *to party*

Lernfragen

Woher kommen die meisten Flüchtlinge?
Warum spricht ein Flüchtling so gut Deutsch?
Wie lange war der deutsche Flüchtling unterwegs?

95. A final written warning
Eine endgültige Abmahnung

In Deutschland müssen alle Bürger **bei einer Behörde gemeldet** sein. Die erste Aufgabe der **Behörde** ist es, dass alle Daten der Bürger dort gespeichert werden. Die Behörde darf die Daten auch **verkaufen. Die besten Klienten** sind häufig Rechtsanwälte.

Herr Schmidt ist **Rechtsanwalt**. In Deutschland gibt es Leute die illegale Musik oder Filme im Internet **runterladen**. Ein Rechtsanwalt kann **herausfinden**, wer das war. Dann bekommen die Leute einen Brief. Der Rechtsanwalt fordert Geld, oder er wird die Leute vor Gericht **verklagen. Dieser Brief hat einen Namen.** In Deutschland heisst so ein Brief Abmahnung.

Die meisten Leute zahlen den Rechtsanwalt. Herrn Schmidt sind die **Umstände der Fälle** egal. Herr Schmidt glaubt, er hat das Recht auf seiner Seite und Abmahnungen sind ein gutes Geschäft.

Herr Schmidt hat mit seinen Methoden Karriere gemacht. Mit der Zeit beschäftigt er mehrere Angestellte und kooperiert mit anderen Rechtsanwälten. Zusammen haben sie eine **Kanzlei** für Abmahnungen.

Die meisten Deutschen haben ein spezifisches Hobby. Herr Schmidt hat auch ein Hobby. **Er liebt Luxus Autos und Segelboote.** Auf Internet Forums schreibt Herr

Schmidt Artikel über Oldtimer. Sein letzter Artikel lautet: **Die Jagd** nach Luxus- Autos.

Eines Morgens kommt Herr Schmidt aus dem Haus und geht zu seinem Auto. Vor seinem Auto steht ein fremder Mann. In seiner Hand hält er eine **Stadtkarte**. Der Mann fragt Herrn Schmidt nach einer Straße. Herr Schmidt schaut auf die Karte.

Plötzlich zieht der Mann eine Pistole und schießt. **Der unbekannte Mann läuft davon.** Herr Schmidt wurde **erschossen**.

Später findet die Polizei ein Blatt Papier auf dem Fenster seines Autos. Auf dem Papier steht: *Mein Hobby die Abmahnmafia*

Zusammenfassung

Ein Rechtsanwalt schickt landesweit Briefe an Menschen, die angeblich illegal Musik aus dem Internet herunterladen. Die Briefe sind sogenannte Abmahnungen. Der Rechtsanwalt wird durch die Abmahnungen reich. Eines Tages wird er zum Hobby eines Unbekannten.

Vokabeln und Redewendungen

bei einer Behörde gemeldet sein - *registered with a ministry*
verkaufen - *to sell*
die besten Klienten - *the best clients*
der Rechtsanwalt - *attorney at law / lawyer*
runterladen - *to download*
herausfinden - *to find out*
verklagen - *to sue*
dieser Brief hat einen Namen - *this letter has a name*
die Umstände der Fälle - *the circumstance of cases*
Herr Schmidt hat mit seinen Methoden Karriere gemacht - *Herr Schmidt had made a career of his methods*

die Kanzlei - *a joint business*
er liebt Luxusautos und Segelboote
- *he loves luxury cars and sailing boats*
die Jagd - *the hunt*
die Stadtkarte - *city map*
der unbekannte Mann läuft davon
- *the unknown man runs away*
er wurde erschossen - *he got shot*

Lernfragen
Warum ist Herrn Schmidt die Umstände der Fälle egal?
Welche Hobbys hat Herr Schmidt?
Warum, glaubst du, wird Herr Schmidt erschossen?

96. The international festival
Das internationale Fest

Die Studenten kamen von überall. Von Kolumbien bis Schottland; es gab kaum eine Nation, die nicht durch einen Studenten an der bekannten Humbold Universität in Berlin **vertreten** war. **Eine grosse Anzahl** von Fakultäten war über die ganze Stadt **verteilt**.

Abends traf sich in einem Berliner **Vorort** eine große Anzahl ausländischer Studenten **auf einer grßen Wiese**, direkt **gegenüber** der wissenschaftlichen Fakultäten am Adlershof.

Am heutigen Abend wurde **ein internationales Kochfest** veranstaltet. In einem Zelt standen viele Tische mit **Zutaten** aus allen Länder.

Studenten aus aller Welt kochten nationale Gerichte und **verkauften sie an Einheimische**.

Die Studenten standen in Gruppen, einige trugen traditionelle Kleidung aus ihrer Heimat, um ihre **Herkunft** zu zeigen. Der ganze Platz roch nach Essen und **exotischen Gewürzen**.

Professor Meier, ein angesehener Physik Professor **beobachtete gespannt das Geschehen**. Lächelnd ging er von Tisch zu Tisch und nickte den Studenten freundlich zu.

Am Ende des Zeltes kochten viele Studenten aus Asien. Viele **Düfte** kamen von **einem Stand** der Inder. Professor Meier kannte indische Gerichte. Indisches Masala hatte er mal auf einem **Straßenfest** kennengelernt.

Professor Meier erreichte eine Gruppe, die **ganz anders** als der Rest erschien.

Die jungen Männer trugen schwarze **Kleidung** und **einen eckigen Bart.**

Ein **riesiger schwarzer Topf** hing an einer Kette über einem offenen Feuer. Der Professor näherte sich der Gruppe.

„Guten Abend. Sprechen Sie Deutsch?"

„Ja natürlich", antwortete der Student.

„Darf ich fragen, was Sie im Topf haben", fragte Professor Meier.

„Nur Wasser", sagte der Fremde.

„Nur Wasser? Werden sie denn heute Abend gar nicht kochen?"

„Doch sicher" ,antwortete der fremde Mann und lächelt höflich.

„Nun, jetzt bin ich aber neugierig geworden", lächelte der Professor zurück und wollte mehr wissen. „Bitte verraten Sie es mir. **Was wird hier gekocht?"**

„Na gut, ich sage Ihnen **die Wahrheit**. Wir **haben eine Rechnung mit einem Landsmann offen.** Wenn das Wasser kocht, werden wir den Mann **reinwerfen** und exekutieren."

Zusammenfassung

Auf einem internationalen Kochfest treffen sich Studenten aus aller Welt und kochen nationale Gerichte. Eine Gruppe aus dem Nahen Osten benutzt das Fest, um einen Mord an einen Landsmann vorzubereiten.

Vokabeln und Redewendungen

die Studenten kamen von überall - *the students came from everywhere*
verteten - *represented*
eine grosse Anzahl - *a large number*
verteilen / verteilt - *to distribute / distributed*
Vorort - *suburb*
auf einer grossen Wiese - *at a large field*
gegenüber - *across*
ein internationales Kochfest - *an international cooking festival*
Zutaten - *ingredients*
Herkunft - *origin*
verkauften an Einheimische - *selling to the natives*
exotischen Gewürzen - *exotic spices*
..beobachtete gespannt das Geschehen - *..observed the happening with anticipation*
Duft / Düfte - *aroma*
der Stand - *stand / table*
Strassenfest - *street festival*
ganz anders - *totally different*
Kleidung - *clothings*
eckiger Bart - *squared beard*
riesigen, schwarzen Topf . *huge, black pot*
Was wird hier gekocht? - *what's cooking here?*
die Wahrheit - *truth*
haben eine Rechnung mit einen Landsmann offen - *(synonym) having an unpaid bill with a fellow countryman / having a beef with s.o.*

Lernfragen

Was für ein Fest findet statt?
Wo kommen die Studenten her?
Gibt es ungewöhnliche Studenten?

97. Aupair in England

Die Eltern von Nicole **meinten es gut mit ihrer Tochter**. Sie wollten ihre Tochter als Aupair **nach England schicken**. Eine Agentur organisierte **die Unterbringung** bei einer englischen Familie. Der Grund, dass Nicole **mitmachen** sollte, war, ihr Englisch zu verbessern.

Die Agentur hatte **viel Geld verlangt**. Aber die Eltern von Nicole zahlten die Reise gerne, denn **die Ausbildung der Tochter war das Wichtigste!** Die Reise war schon lange geplant, und Nicole freute sich schon sehr. Ihre Eltern sprachen kein Englisch und wollten, dass Nicole perfektes Englisch lernt.

Die Gastfamilie war eine Familie, wo Nicole für einige Wochen wohnen sollte. Im **Vertrag** mit der Agentur stand auch, dass sie andere Aupair Mädchen treffen würde. Im August war es soweit. **Die Eltern begleiteten Nicole bis zum Flughafen.** Weinend **verabschiedeten** sich die Eltern von ihrer Tochter.

Einen Monat verblieb Nicole bei der fremden Familie. Sie durfte nicht telefonieren und im Haus gab es kein Internet. Deshalb ging Nicole oft **zur Post**, um ihren Eltern eine Postkarte zu schicken. Die Eltern waren sehr besorgt. Nur ein Brief erreichte die Eltern, **bevor Nicole zurück nach Deutschland flog**. Die Eltern freuten sich sehr ihre Tochter wiederzusehen. Natürlich wollten die Eltern wissen, **ob Nicole jetzt gut Englisch sprach**.

Die Tochter erklärte es ihnen. „Nein, Englisch habe ich nicht gelernt. Die Gastfamilie hat mehr Hindu als Englisch gesprochen. Das waren Einwanderer aus Indien."

„Das heisst, die ganze Reise war umsonst", fragte die Mutter. „Nein **überhaupt nicht**", antwortete die Tochter. Aber ich weiss jetzt was Masala Fisch ist."

Zusammenfassung

Ein junges Mädchen wird von ihren Eltern nach England geschickt, um dort bei einer Familie als Aupair zu arbeiten und Englisch zu lernen. Als sie zurückkommt, hat sie kein Wort Englisch gelernt, aber indische Kochgerichte kennengelernt. Die Gastfamilie sind Einwanderer aus Indien.

Vokabeln und Redewendungen

meinten es gut mit ihrer Tochter - *meant well for their daughter*
nach England schicken - *to send to England*
die Unterbringung - *accomodation_*
viel Geld verlangt - *demanded a lot of money*
die Ausbildung der Tochter war das Wichtigste - *the education of the daughter was most important*
die Gastfamilie - *host family*
der Vertrag - *the contract*
die Eltern begleiteten Nicole bis zum Flughafen - *the parents accompanied her to their airport*
verabschieden -_*saying goodbye*
die Post - *post office*
bevor Nicole zurück nach Deutschland flog
- *before Nicole went back to Germany*
ob Nicole jetzt gut Englisch sprach
- *if Nicole spoke English by now*
überhaupt nicht - *not at all*

Lernfragen

Warum schicken die Eltern Nicole nach England?
Warum lernt Nicole in England kein Englisch?
Was hat Nicole in England kennengelernt?

98. The mysterious art dealer
Der mysteriöse Kunsthändler

Früher war Werner Schultz Schauspieler im Theater. In Berlin war er **relativ bekannt**, er hatte es sogar geschafft eine **wichtige Rolle für eine Fernsehserie** zu bekommen, wo er einen **glaubwürdigen** Kriminellen spielte. Herr Schultz war angeblich nie **unvermögend** und hatte sich schon immer für **Kunst und Antiquitäten** interessiert.

Jetzt war er über fünfzig, und die Rollen beim Film und Theater wurden weniger. Allerdings hatte sich Herr Schultz schon in **seiner Zeit als Schauspieler** auch einen Namen als Künstler für **Gemälde** gemacht. Man kann sagen, Herr Schultz war ein richtiger **Künstler** und auch Kunstliebhaber, denn er hatte ein grosses **Fachwissen**, insbesondere für antike Gemälde. Mit Impressionisten des 19. Jahrhunderts kannte er sich gut aus.

Nach all den Jahren als Künstler, Schauspieler und Experte für Gemälden, war Herr Schulz auch in den Antiquitäten Geschäften und Galerien **ein gern gesehener Mann**. Herr Schultz kaufte viele Gemälde und Antiquitäten in den Geschäften und **Kunstgalerien**. Aber noch größer war sein Ruf als guter **Einlieferer**. Die Qualität seiner Gemälde und **Ware**, die er zum Verkauf anbot, war erstklassig. Eines Tages konnte man in der Zeitung lesen, dass der bekannte Kunsthändler und Schauspieler Werner Schulz gestorben war.

Keiner wusste, woran er starb. Herr Schultz hatte keine Verwandte, deshalb suchten die Journalisten nach

Freunden und Verwandten. **Vor kurzer Zeit wurden die Journalisten fündig.** Herr Schultz war **ein entfernter Verwandter** von Hermann Göring.

Zusammenfassung

Ein Schauspieler sammelt Kunst und Antiquitäten. Er ist sehr beliebt, und liefert viel Ware in Geschäfte und Auktionshäuser ein. Nach dem Tod des Mannes stellt sich heraus, dass er ein Verwandter Hermann Görings war.

Vokabeln und Redewendungen

relativ bekannt - *relatively known*
wichtige Rolle für eine Fernsehserie
- *important role in a TV series*
glaubwürdig - *authentic*
guter Einlieferer - *good client*
unvermögend - *unfunded*
Kunst und Antiquitäten - *art and antiquities*
seine Zeit als Schauspieler - *his time as an actor*
Gemälde - *painting*
Künstler - *artist*
Fachwissen - *expert knowledge*
Geschäften und Kunstgalerien - *business and art galleries*
die Ware - *merchandise*
keiner wusste, woran er starb
- *nobody knew the reason for his death*
vor kurzer Zeit wurden die Journalisten fündig
- *recently the journalists found out*
ein entfernter Verwandter - *a distant relative*

Lernfragen

Warum ist Herr Schulz so beliebt?
Woher, glaubst du, hat Herr Schulz die Ware bekommen?
Was konnte man eines Tages in der Zeitung lesen?

99. A special club
Ein besonderer Klub

Diana kommt **ursprünglich** aus London, lebt aber seit fast einem Jahr in Spanien, nahe der Stadt Marbella. **Sie vermietet einen Teil ihrer Eigentumswohnung** und verdient zusätzlich noch Geld durch ihr Online Geschäft.

Sie veröffentlicht Bücher. Diana fühlt sich in Spanien sehr wohl, **das Einzige was fehlt**, sind soziale Kontakte. Freundschaften und Kontakte sind als **Ausländer** in Spanien nicht einfach zu finden, denn die meisten Ausländer kommen **aus unterschiedlichen Ländern.**

Diana hat eine Idee. Warum nicht einen kleinen Club gründen? Einen neuen Club, der aus Leuten mit gleichen Interessen besteht. **Sie schaltet eine Anzeige** in einem bekannten Internet-Portal für Expatriaten. *Künstler und Buchautoren treffen sich für Bewertungen.*

Am folgenden Sonntag treffen sich tatsächlich mehrere Ausländer aus verschiedenen Länder in einem Lokal. Die Leute sind sich einig und alle Teilnehmer sprechen über ihre Bücher. **Die meisten von ihnen veröffentlichen ihre** Bücher **selbst**.

Die Gruppe vereinbart ein System. Per E-mail wird allen Mitgliedern das neue Buch zugesandt. Nachdem jedes **Mitglied** das neue Buch gekauft hat, wird eine positive Bewertung veröffentlicht. **Schon nach wenigen Wochen** wird der Club zum vollen Erfolg.

Eines Tages erhält Diana eine E-mail eines neues

Mitgliedes, der gerade ein neues Buch herausgebracht hat. Diana staunt, als sie den Titel des Buches liest: **Das verdorbene Geschäft mit gefälschten Buch Bewertungen.**

Zusammenfassung

Diana lebt in Spanien und sucht soziale Kontakte. Sie gründet einen Club wo sich Künstler und Autoren treffen. Die Künstler tauschen sich gute Bewertungen aus. Ein Mitglied veröffentlicht ein Buch, dass die gefälschten Bewertungen beschreibt.

Vokabeln und Redewendungen

ursprünglich - *originally*
sie vermietet ein Teil ihrer Eigentumswohnung
- *she rented a part of her apartment*
sie veröffentlicht Bücher - *she published books*
das Einzige was fehlt - *the only thing missing*
Ausländer - *foreigner*
sie schaltet eine Anzeige - *she paid an advert*
am folgenden Sonntag - *the following Sunday*
die Gruppe vereinbart ein System
- *the group agreed to a system*
das Mitglied - *member_*
nach wenigen Wochen - *after a few weeks*
eines Tages erhält Diana eine Email eines neues Mitgliedes
- *one day Diana received an email of a new member*

Lernfragen

Wo treffen sich die Leute?
Was verbindet die Leute?
Was machen die Leute zusammen?

100. The two star restaurant
Das zwei Sterne Restaurant

Die zwei Brüder Anton und Michael sind **gelernte Gastronomen**, ausgebildet an einer **Fachschule** in der Schweiz. Beide habe schon in bekannten französischen Restaurants gearbeitet und sich **einen guten Ruf erworben**.
Vor zehn Jahren eröffneten sie ihr eigenes Restaurant in Berlin. Es **dauerte** nur wenige Jahre, bis das Restaurant **tatsächlich** mit dem ersten Michelin Star ausgezeichnet wurde. Finanziell wurde das Restaurant zum großen **Erfolg und ein zweiter Stern folgte nur zwei Jahre später.**
Letztes Jahr eröffneten die Brüder ein zweites Restaurant in einen anderen **Stadtteil**. Dann kam der große Schock. Eines Tages erfuhren die Brüder, dass sie nur noch einen **Michelin Stern für das erste Restaurant** erhielten.
Ein Freund, der für einen **Verlag** arbeitet, verriet den Brüdern, dass sie einen Stern weniger bekamen, **weil sie ihre Suppe in Plastikbeutel** von einem Restaurant zum anderen trugen.
Die Brüder waren **sehr verärgert**. In einer lokalen Radio Show beschwerten sich die Brüder über **die Bewerter**.
Danach folgten viele Anrufe. **Der Grund der Anrufe war eine Überraschung**. Viele Kunden riefen im Restaurant an und wollten **Suppe zum Mitnehmen** kaufen. Es folgten immer mehr tägliche **Anfragen** nach Suppen.
Durch die Radioshow kamen immer **mehr Gäste**.
Jeden Abend wurde mehr Suppe zum Mitnehmen

verkauft. **Der Umsatz stieg** enorm.
Schließlich planten die Brüder ein drittes Restaurant. Diesmal Suppen mit Lieferservice.

Zusammenfassung

Zwei Brüder haben mehrere Restaurant. eröffnet. Sie haben bereits zwei Michelin Sterne. Weil sie die Suppen in Plastikbeutel von einem Restaurant zum anderen transportieren, wird ihnen ein Stern abgezogen. Viele Gäste erfahren davon und kaufen Suppe zum Mitnehmen.

Vokabeln und Redewendungen

gelernte Gastronomen
- *professional restaurateurs / gastronoms*
die Fachschule - *technical college / specialized school*
einen guten Ruf erworben - *gain a good reputation*
vor zehn Jahren eröffneten sie ihr eigenes Restaurant
- *ten years ago they opened their own restaurant*
tatsächlich - *actually*
der Erfolg - *success*
einen Michelin Stern für das erste Restaurant
- *a Michelin star for the first restaurant*
der Verlag - *publisher*
ihre Suppe in Plastikbeutel - *their soup in plastic bags*
sehr verärgert - *very annoyed*
die Bewerter - *the reviewers*
der Grund der Anrufe war eine Überraschung
- *the reason for the calls were a surprise*
eine Suppe zum mitnehmen - *a soup for to go*
jeden Abend - *every evening_*
der Umsatz stieg - *the revenues increased*
schließlich planten die Brüder ein drittes Restaurant
- *finally the brothers made plans for a third restaurant*

Lernfragen

Warum haben die Brüder Erfolg?
Woher kommen die Brüder?
Was planen die Brüder in Zukunft?

***

www.sprachclub.net

"

www.ingramcontent.com/pod-product-compliance
Lightning Source LLC
Chambersburg PA
CBHW071338080526
44587CB00017B/2884